TRANZLATY

El idioma es para todos

Sproget er for alle

El llamado de lo salvaje

Når naturen kalder

Jack London

Español / Dansk

Hacia lo primitivo
Ind i det primitive

Buck no leía los periódicos.
Buck læste ikke aviserne.
Si hubiera leído los periódicos habría sabido que se avecinaban problemas.
Hvis han havde læst aviserne, ville han have vidst, at der var problemer i gang.
Hubo problemas, no sólo para él sino para todos los perros de la marea.
Der var problemer ikke kun for ham selv, men for alle tidevandshunde.
Todo perro con músculos fuertes y pelo largo y cálido iba a estar en problemas.
Enhver hund med stærke muskler og varm, lang pels ville komme i problemer.
Desde Puget Bay hasta San Diego ningún perro podía escapar de lo que se avecinaba.
Fra Puget Bay til San Diego kunne ingen hund undslippe det, der ventede.
Los hombres, a tientas en la oscuridad del Ártico, encontraron un metal amarillo.
Mænd, der famlede i det arktiske mørke, havde fundet et gult metal.
Las compañías navieras y de transporte iban en busca del descubrimiento.
Dampskibs- og transportselskaber jagtede opdagelsen.
Miles de hombres se precipitaron hacia el norte.
Tusindvis af mænd stormede ind i Nordlandet.
Estos hombres querían perros, y los perros que querían eran perros pesados.
Disse mænd ville have hunde, og de hunde, de ville have, var tunge hunde.
Perros con músculos fuertes para trabajar.
Hunde med stærke muskler at slide med.
Perros con abrigos peludos para protegerlos de las heladas.

Hunde med lodden pels for at beskytte dem mod frosten.

Buck vivía en una casa grande en el soleado valle de Santa Clara.
Buck boede i et stort hus i den solkyssede Santa Clara Valley.
El lugar del juez Miller, se llamaba su casa.
Dommer Millers sted, blev hans hus kaldt.
Su casa estaba apartada de la carretera, medio oculta entre los árboles.
Hans hus lå lidt tilbagetrukket fra vejen, halvt skjult mellem træerne.
Se podían ver destellos de la amplia terraza que rodeaba la casa.
Man kunne få et glimt af den brede veranda, der strakte sig rundt om huset.
Se accedía a la casa mediante caminos de grava.
Huset blev nået via grusbelagte indkørsler.
Los caminos serpenteaban a través de amplios prados.
Stierne snoede sig gennem vidstrakte græsplæner.
Allá arriba se veían las ramas entrelazadas de altos álamos.
Over dem var de flettede grene af høje popler.
En la parte trasera de la casa las cosas eran aún más espaciosas.
Bag huset var tingene endnu mere rummelige.
Había grandes establos, donde una docena de mozos de cuadra charlaban.
Der var store stalde, hvor et dusin gomme snakkede
Había hileras de casas de servicio cubiertas de enredaderas.
Der var rækker af vinrankeklædte tjenerhytter
Y había una interminable y ordenada serie de letrinas.
Og der var en endeløs og ordentlig række af udhuse
Largos parrales, verdes pastos, huertos y campos de bayas.
Lange vingårde, grønne enge, frugtplantager og bærmarker.
Luego estaba la planta de bombeo del pozo artesiano.
Så var der pumpeanlægget til den artesiske brønd.
Y allí estaba el gran tanque de cemento lleno de agua.
Og der var den store cementtank fyldt med vand.

Aquí los muchachos del juez Miller dieron su chapuzón matutino.
Her tog dommer Millers drenge deres morgendukkert.
Y allí también se refrescaron en la calurosa tarde.
Og de kølede også ned der i den varme eftermiddag.
Y sobre este gran dominio, Buck era quien lo gobernaba todo.
Og over dette store domæne var det Buck, der herskede over det hele.
Buck nació en esta tierra y vivió aquí todos sus cuatro años.
Buck blev født på dette land og boede her alle sine fire år.
Efectivamente había otros perros, pero realmente no importaban.
Der var ganske vist andre hunde, men de betød egentlig ikke noget.
En un lugar tan vasto como éste se esperaban otros perros.
Andre hunde var forventet på et sted så stort som dette.
Estos perros iban y venían, o vivían dentro de las concurridas perreras.
Disse hunde kom og gik, eller boede inde i de travle kenneler.
Algunos perros vivían escondidos en la casa, como Toots e Ysabel.
Nogle hunde boede gemt i huset, ligesom Toots og Ysabel gjorde.
Toots era un pug japonés, Ysabel una perra mexicana sin pelo.
Toots var en japansk mops, Ysabel en mexicansk hårløs hund.
Estas extrañas criaturas rara vez salían de la casa.
Disse mærkelige væsner gik sjældent uden for huset.
No tocaron el suelo ni olieron el aire libre del exterior.
De rørte ikke jorden eller snusede i den fri luft udenfor.
También estaban los fox terriers, al menos veinte en número.
Der var også foxterrierene, mindst tyve i antal.
Estos terriers le ladraron ferozmente a Toots y a Ysabel dentro de la casa.
Disse terriere gøede voldsomt ad Toots og Ysabel indenfor.

Toots e Ysabel se quedaron detrás de las ventanas, a salvo de todo daño.

Toots og Ysabel blev bag vinduerne, i sikkerhed for overlast.

Estaban custodiados por criadas con escobas y trapeadores.

De blev bevogtet af huspiger med koste og mopper.

Pero Buck no era un perro de casa ni tampoco de perrera.

Men Buck var ingen hushund, og han var heller ingen kennelhund.

Toda la propiedad pertenecía a Buck como su legítimo reino.

Hele ejendommen tilhørte Buck som hans retmæssige rige.

Buck nadaba en el tanque o salía a cazar con los hijos del juez.

Buck svømmede i akvariet eller gik på jagt med dommerens sønner.

Caminaba con Mollie y Alice temprano o tarde.

Han gik med Mollie og Alice i de tidlige eller sene timer.

En las noches frías yacía junto al fuego de la biblioteca con el juez.

På kolde nætter lå han foran bibliotekets ilden med dommeren.

Buck llevaba a los nietos del juez en su fuerte espalda.

Buck kørte dommerens børnebørn på sin stærke ryg.

Se revolcó en el césped con los niños, vigilándolos de cerca.

Han rullede sig i græsset med drengene og bevogtede dem nøje.

Se aventuraron hasta la fuente e incluso pasaron por los campos de bayas.

De vovede sig hen til springvandet og endda forbi bærmarkerne.

Entre los fox terriers, Buck caminaba siempre con orgullo real.

Blandt foxterrierene gik Buck altid med kongelig stolthed.

Él ignoró a Toots y Ysabel, tratándolos como si fueran aire.

Han ignorerede Toots og Ysabel og behandlede dem, som om de var luft.

Buck reinaba sobre todas las criaturas vivientes en la tierra del juez Miller.

Buck herskede over alle levende væsner på dommer Millers land.

Él gobernaba a los animales, a los insectos, a los pájaros e incluso a los humanos.

Han herskede over dyr, insekter, fugle og endda mennesker.

El padre de Buck, Elmo, había sido un San Bernardo enorme y leal.

Bucks far, Elmo, havde været en enorm og loyal sanktbernhardshund.

Elmo nunca se apartó del lado del juez y le sirvió fielmente.

Elmo forlod aldrig dommerens side og tjente ham trofast.

Buck parecía dispuesto a seguir el noble ejemplo de su padre.

Buck syntes parat til at følge sin fars ædle eksempel.

Buck no era tan grande: pesaba ciento cuarenta libras.

Buck var ikke helt så stor og vejede hundrede og fyrre pund.

Su madre, Shep, había sido una excelente perra pastor escocesa.

Hans mor, Shep, havde været en fin skotsk hyrdehund.

Pero incluso con ese peso, Buck caminaba con presencia majestuosa.

Men selv med den vægt gik Buck med en majestætisk tilstedeværelse.

Esto fue gracias a la buena comida y al respeto que siempre recibió.

Dette kom fra god mad og den respekt, han altid modtog.

Durante cuatro años, Buck había vivido como un noble mimado.

I fire år havde Buck levet som en forkælet adelsmand.

Estaba orgulloso de sí mismo y hasta era un poco egoísta.

Han var stolt af sig selv, og endda en smule egoistisk.

Ese tipo de orgullo era común entre los señores de países remotos.

Den slags stolthed var almindelig blandt afsidesliggende landsherrer.

Pero Buck se salvó de convertirse en un perro doméstico mimado.

Men Buck reddede sig selv fra at blive en forkælet hushund.

Se mantuvo delgado y fuerte gracias a la caza y el ejercicio.

Han forblev slank og stærk gennem jagt og motion.

Amaba profundamente el agua, como la gente que se baña en lagos fríos.

Han elskede vand dybt, ligesom folk der bader i kolde søer.

Este amor por el agua mantuvo a Buck fuerte y muy saludable.

Denne kærlighed til vand holdt Buck stærk og meget sund.

Éste era el perro en que se había convertido Buck en el otoño de 1897.

Det var den hund, Buck var blevet til i efteråret 1897.

Cuando la huelga de Klondike arrastró a los hombres hacia el gélido Norte.

Da Klondike-angrebet trak mænd til det frosne nord.

La gente acudió en masa desde todos los rincones del mundo hacia aquella tierra fría.

Folk strømmede fra hele verden til det kolde land.

Buck, sin embargo, no leía los periódicos ni entendía las noticias.

Buck læste imidlertid ikke aviser og forstod heller ikke nyheder.

Él no sabía que Manuel era un mal hombre con quien estar.

Han vidste ikke, at Manuel var en dårlig mand at være sammen med.

Manuel, que ayudaba en el jardín, tenía un problema profundo.

Manuel, som hjalp til i haven, havde et alvorligt problem.

Manuel era adicto al juego de la lotería china.

Manuel var afhængig af at spille i det kinesiske lotteri.

También creía firmemente en un sistema fijo para ganar.

Han troede også stærkt på et fast system til at vinde.

Esa creencia hizo que su fracaso fuera seguro e inevitable.

Den tro gjorde hans fiasko sikker og uundgåelig.

Jugar con un sistema exige dinero, del que Manuel carecía.

At spille et system kræver penge, hvilket Manuel manglede.

Su salario apenas alcanzaba para mantener a su esposa y a sus numerosos hijos.

Hans løn kunne knap nok forsørge hans kone og mange børn.

La noche en que Manuel traicionó a Buck, las cosas estaban normales.

Den aften Manuel forrådte Buck, var alting normalt.

El juez estaba en una reunión de la Asociación de Productores de Pasas.

Dommeren var til et møde i rosinavlerforeningen.

Los hijos del juez estaban entonces ocupados formando un club atlético.

Dommerens sønner var dengang travlt optaget af at danne en atletikklub.

Nadie vio a Manuel y Buck salir por el huerto.

Ingen så Manuel og Buck gå gennem frugtplantagen.

Buck pensó que esta caminata era simplemente un simple paseo nocturno.

Buck troede, at denne gåtur bare var en simpel natlig spadseretur.

Se encontraron con un solo hombre en la estación de la bandera, en College Park.

De mødte kun én mand ved flagstationen i College Park.

Ese hombre habló con Manuel y intercambiaron dinero.

Manden talte med Manuel, og de udvekslede penge.

"Envuelva la mercancía antes de entregarla", sugirió.

"Pak varerne ind, inden du leverer dem," foreslog han.

La voz del hombre era áspera e impaciente mientras hablaba.

Mandens stemme var ru og utålmodig, mens han talte.

Manuel ató cuidadosamente una cuerda gruesa alrededor del cuello de Buck.

Manuel bandt forsigtigt et tykt reb om Bucks hals.

"Si retuerces la cuerda, lo estrangularás bastante"

"Vrid rebet, så kvæler du ham rigeligt"

El extraño emitió un gruñido, demostrando que entendía bien.

Den fremmede gryntede, hvilket viste, at han forstod det godt.

Buck aceptó la cuerda con calma y tranquila dignidad ese día.

Buck tog imod rebet med rolig og stille værdighed den dag.

Fue un acto inusual, pero Buck confiaba en los hombres que conocía.

Det var en usædvanlig handling, men Buck stolede på de mænd, han kendte.

Él creía que su sabiduría iba mucho más allá de su propio pensamiento.

Han mente, at deres visdom rakte langt ud over hans egen tankegang.

Pero entonces la cuerda fue entregada a manos del extraño.

Men så blev rebet givet i den fremmedes hænder.

Buck emitió un gruñido bajo que advertía con una amenaza silenciosa.

Buck udstødte en lav knurren, der advarede med en stille trussel.

Era orgulloso y autoritario y quería mostrar su descontento.

Han var stolt og kommanderende, og han havde til hensigt at vise sin utilfredshed.

Buck creyó que su advertencia sería entendida como una orden.

Buck troede, at hans advarsel ville blive forstået som en ordre.

Para su sorpresa, la cuerda se tensó rápidamente alrededor de su grueso cuello.

Til hans chok strammedes rebet hårdt om hans tykke hals.

Se quedó sin aire y comenzó a luchar con una furia repentina.

Hans luft blev afskåret, og han begyndte at kæmpe i et pludseligt raseri.

Saltó hacia el hombre, quien rápidamente se encontró con Buck en el aire.

Han sprang mod manden, som hurtigt mødte Buck midt i luften.

El hombre agarró la garganta de Buck y lo retorció hábilmente en el aire.

Manden greb fat i Bucks hals og vred ham dygtigt op i luften.

Buck fue arrojado al suelo con fuerza, cayendo de espaldas.
Buck blev kastet hårdt omkuld og landede fladt på ryggen.
La cuerda ahora lo estrangulaba cruelmente mientras él pateaba salvajemente.
Rebet kvalte ham nu grusomt, mens han sparkede vildt.
Se le cayó la lengua, su pecho se agitó, pero no recuperó el aliento.
Hans tunge faldt ud, hans bryst hævede sig, men han fik ikke vejret.
Nunca había sido tratado con tanta violencia en su vida.
Han var aldrig blevet behandlet med sådan vold i sit liv.
Tampoco nunca antes se había sentido tan lleno de furia.
Han havde heller aldrig før været fyldt med så dyb vrede.
Pero el poder de Buck se desvaneció y sus ojos se volvieron vidriosos.
Men Bucks kraft svandt ud, og hans øjne blev glasagtige.
Se desmayó justo cuando un tren se detuvo cerca.
Han besvimede lige da et tog holdt ind mod gaden i nærheden.
Luego los dos hombres lo arrojaron rápidamente al vagón de equipaje.
Så kastede de to mænd ham hurtigt ind i bagagevognen.
Lo siguiente que sintió Buck fue dolor en su lengua hinchada.
Det næste Buck følte var en smerte i sin hævede tunge.
Se desplazaba en un carro tambaleante, apenas consciente.
Han kørte i en rystende vogn, kun svagt ved bevidsthed.
El agudo grito del silbato del tren le indicó a Buck su ubicación.
Det skarpe skrig fra en togfløjte fortalte Buck hans position.
Había viajado muchas veces con el Juez y conocía esa sensación.
Han havde ofte redet med dommeren og kendte følelsen.
Fue una experiencia única viajar nuevamente en un vagón de equipajes.
Det var det unikke chok at rejse i en bagagevogn igen.
Buck abrió los ojos y su mirada ardía de rabia.

Buck åbnede øjnene, og hans blik brændte af raseri.

Esta fue la ira de un rey orgulloso destronado.

Dette var vreden hos en stolt konge, der blev taget fra sin trone.

Un hombre intentó agarrarlo, pero Buck lo atacó primero.

En mand rakte ud for at gribe ham, men Buck slog til først i stedet.

Hundió los dientes en la mano del hombre y la sujetó con fuerza.

Han satte tænderne i mandens hånd og holdt fast.

No lo soltó hasta que se desmayó por segunda vez.

Han slap ikke, før han besvimede anden gang.

—Sí, tiene ataques —murmuró el hombre al maletero.

"Ja, har anfald," mumlede manden til bagagemanden.

El maletero había oído la lucha y se acercó.

Bagagemanden havde hørt kampen og var kommet nærmere.

"Lo llevaré a Frisco para el jefe", explicó el hombre.

"Jeg tager ham med til 'Frisco for chefens skyld," forklarede manden.

"Allí hay un buen veterinario que dice poder curarlos".

"Der er en dygtig hundelæge der, som siger, at han kan helbrede dem."

Más tarde esa noche, el hombre dio su propio relato completo.

Senere samme aften gav manden sin egen fulde beretning.

Habló desde un cobertizo detrás de un salón en los muelles.

Han talte fra et skur bag en saloon på kajen.

"Lo único que me dieron fueron cincuenta dólares", se quejó al tabernero.

"Jeg fik kun halvtreds dollars," klagede han til saloonmanden.

"No lo volvería a hacer ni por mil dólares en efectivo".

"Jeg ville ikke gøre det igen, ikke engang for tusind kroner i kontanter."

Su mano derecha estaba fuertemente envuelta en un paño ensangrentado.

Hans højre hånd var tæt pakket ind i et blodigt klæde.

La pernera de su pantalón estaba abierta de par en par desde la rodilla hasta el pie.

Hans bukseben var vidt revet op fra knæ til fod.

—¿Cuánto le pagaron al otro tipo? —preguntó el tabernero.

"Hvor meget fik den anden krus i løn?" spurgte saloonmanden.

"Cien", respondió el hombre, "no aceptaría ni un centavo menos".

"Hundrede," svarede manden, "han ville ikke tage en øre mindre."

—Eso suma ciento cincuenta —dijo el tabernero.

"Det bliver til hundrede og halvtreds," sagde saloonmanden.

"Y él lo vale todo, o no soy más que un idiota".

"Og han er det hele værd, ellers er jeg ikke bedre end en tåbe."

El hombre abrió los envoltorios para examinar su mano.

Manden åbnede indpakningen for at undersøge sin hånd.

La mano estaba gravemente desgarrada y cubierta de sangre seca.

Hånden var slemt flænget og tilsølvet med tørret blod.

"Si no consigo la hidrofobia…" empezó a decir.

"Hvis jeg ikke får hydrofobien ..." begyndte han at sige.

"Será porque naciste para la horca", dijo entre risas.

"Det er fordi, du er født til at hænge," lød en latter.

"Ven a ayudarme antes de irte", le pidieron.

"Kom og hjælp mig, inden du går," blev han spurgt.

Buck estaba aturdido por el dolor en la lengua y la garganta.

Buck var i en døs af smerten i tungen og halsen.

Estaba medio estrangulado y apenas podía mantenerse en pie.

Han var halvkvalt og kunne knap nok stå oprejst.

Aún así, Buck intentó enfrentar a los hombres que lo habían lastimado.

Alligevel forsøgte Buck at se de mænd i øjnene, der havde såret ham så meget.

Pero lo derribaron y lo estrangularon una vez más.

Men de kastede ham ned og kvalte ham endnu engang.

Sólo entonces pudieron quitarle el pesado collar de bronce.

Først da kunne de save hans tunge messingkrave af.

Le quitaron la cuerda y lo metieron en una caja.

De fjernede rebet og skubbede ham ind i en kasse.

La caja era pequeña y tenía la forma de una tosca jaula de hierro.

Kassen var lille og formet som et groft jernbur.

Buck permaneció allí toda la noche, lleno de ira y orgullo herido.

Buck lå der hele natten, fyldt med vrede og såret stolthed.

No podía ni siquiera empezar a comprender lo que le estaba pasando.

Han kunne ikke begynde at forstå, hvad der skete med ham.

¿Por qué estos hombres extraños lo mantenían en esa pequeña caja?

Hvorfor holdt disse mærkelige mænd ham i denne lille kasse?

¿Qué querían de él y por qué este cruel cautiverio?

Hvad ville de med ham, og hvorfor dette grusomme fangenskab?

Sintió una presión oscura; una sensación de desastre que se acercaba.

Han følte et mørkt pres; en følelse af, at katastrofen kom nærmere.

Era un miedo vago, pero que se apoderó pesadamente de su espíritu.

Det var en vag frygt, men den satte sig tungt i hans sind.

Saltó varias veces cuando la puerta del cobertizo vibró.

Flere gange sprang han op, da skurdøren raslede.

Esperaba que el juez o los muchachos aparecieran y lo rescataran.

Han forventede, at dommeren eller drengene ville dukke op og redde ham.

Pero cada vez sólo se asomaba el rostro gordo del tabernero.

Men kun saloonværtens tykke ansigt kiggede ind hver gang.

El rostro del hombre estaba iluminado por el tenue resplandor de una vela de sebo.

Mandens ansigt var oplyst af det svage skær fra et talglys.

Cada vez, el alegre ladrido de Buck cambiaba a un gruñido bajo y enojado.
Hver gang ændrede Bucks glædelige gøen sig til en lav, vred knurren.

El tabernero lo dejó solo durante la noche en el cajón.
Saloonværten lod ham være alene i buret natten over
Pero cuando se despertó por la mañana, venían más hombres.
Men da han vågnede om morgenen, kom der flere mænd.
Llegaron cuatro hombres y recogieron la caja con cuidado y sin decir palabra.
Fire mænd kom og samlede forsigtigt kassen op uden et ord.
Buck supo de inmediato en qué situación se encontraba.
Buck forstod straks den situation, han befandt sig i.
Eran otros torturadores contra los que tenía que luchar y a los que tenía que temer.
De var yderligere plageånder, som han måtte bekæmpe og frygte.
Estos hombres parecían malvados, andrajosos y muy mal arreglados.
Disse mænd så onde, lasede og meget dårligt soignerede ud.
Buck gruñó y se abalanzó sobre ellos ferozmente a través de los barrotes.
Buck knurrede og kastede sig voldsomt mod dem gennem tremmerne.
Ellos simplemente se rieron y lo golpearon con largos palos de madera.
De bare lo og prikkede til ham med lange træpinde.
Buck mordió los palos y luego se dio cuenta de que eso era lo que les gustaba.
Buck bed i pindene, men indså så, at det var det, de kunne lide.
Así que se quedó acostado en silencio, hosco y ardiendo de rabia silenciosa.
Så lagde han sig stille ned, mut og brændende af stille raseri.
Subieron la caja a un carro y se fueron con él.

De løftede kassen op i en vogn og kørte væk med ham.

La caja, con Buck encerrado dentro, cambiaba de manos a menudo.

Kassen, med Buck låst inde, skiftede ofte hænder.

Los empleados de la oficina exprés se hicieron cargo de él y lo atendieron brevemente.

Ekspreskontorets kontormedarbejdere tog ansvaret og ekspederede ham kortvarigt.

Luego, otro carro transportó a Buck a través de la ruidosa ciudad.

Så bar en anden vogn Buck tværs over den larmende by.

Un camión lo llevó con cajas y paquetes a un ferry.

En lastbil kørte ham med kasser og pakker ombord på en færge.

Después de cruzar, el camión lo descargó en una estación ferroviaria.

Efter at have krydset, læssede lastbilen ham af på en jernbanedepot.

Finalmente, colocaron a Buck dentro de un vagón expreso que lo esperaba.

Endelig blev Buck placeret i en ventende ekspresvogn.

Durante dos días y dos noches, los trenes arrastraron el vagón expreso.

I to dage og nætter trak tog ekspressvognen væk.

Buck no comió ni bebió durante todo el doloroso viaje.

Buck hverken spiste eller drak under hele den smertefulde rejse.

Cuando los mensajeros expresos intentaron acercarse a él, gruñó.

Da ekspresbudene forsøgte at nærme sig ham, knurrede han.

Ellos respondieron burlándose de él y molestándolo cruelmente.

De reagerede ved at håne ham og drille ham grusomt.

Buck se arrojó contra los barrotes, echando espuma y temblando.

Buck kastede sig mod tremmerne, frådende og rystende

Se rieron a carcajadas y se burlaron de él como matones del patio de la escuela.

De lo højt og drillede ham som skolegårdsbøller.

Ladraban como perros de caza y agitaban los brazos.

De gøede som falske hunde og baskede med armene.

Incluso cantaron como gallos sólo para molestarlo más.

De galte endda som haner bare for at gøre ham endnu mere ked af det.

Fue un comportamiento tonto y Buck sabía que era ridículo.

Det var tåbelig opførsel, og Buck vidste, at det var latterligt.

Pero eso sólo profundizó su sentimiento de indignación y vergüenza.

Men det forstærkede kun hans følelse af forargelse og skam.

Durante el viaje no le molestó mucho el hambre.

Han var ikke synderligt generet af sult under turen.

Pero la sed traía consigo un dolor agudo y un sufrimiento insoportable.

Men tørst medførte skarp smerte og uudholdelig lidelse.

Su garganta y lengua secas e inflamadas ardían de calor.

Hans tørre, betændte hals og tunge brændte af varme.

Este dolor alimentó la fiebre que crecía dentro de su orgulloso cuerpo.

Denne smerte nærede feberen, der steg i hans stolte krop.

Buck estuvo agradecido por una sola cosa durante esta prueba.

Buck var taknemmelig for én enkelt ting under denne retssag.

Le habían quitado la cuerda que le rodeaba el grueso cuello.

Rebet var blevet fjernet fra hans tykke hals.

La cuerda había dado a esos hombres una ventaja injusta y cruel.

Rebet havde givet disse mænd en urimelig og grusom fordel.

Ahora la cuerda había desaparecido y Buck juró que nunca volvería.

Nu var rebet væk, og Buck svor på, at det aldrig ville vende tilbage.

Decidió que nunca más volvería a pasarle una cuerda al cuello.

Han besluttede sig for, at intet reb nogensinde skulle gå om hans hals igen.

Durante dos largos días y noches sufrió sin comer.

I to lange dage og nætter led han uden mad.

Y en esas horas se fue acumulando en su interior una rabia enorme.

Og i de timer opbyggede han et enormt raseri indeni.

Sus ojos se volvieron inyectados en sangre y salvajes por la ira constante.

Hans øjne blev blodskudte og vilde af konstant vrede.

Ya no era Buck, sino un demonio con mandíbulas chasqueantes.

Han var ikke længere Buck, men en dæmon med knækende kæber.

Ni siquiera el juez habría reconocido a esta loca criatura.

Selv dommeren ville ikke have kendt denne vanvittige skabning.

Los mensajeros exprés suspiraron aliviados cuando llegaron a Seattle.

Ekspresbudene sukkede lettet, da de nåede Seattle

Cuatro hombres levantaron la caja y la llevaron a un patio trasero.

Fire mænd løftede kassen og bragte den til en baghave.

El patio era pequeño, rodeado de muros altos y sólidos.

Gården var lille, omgivet af høje og solide mure.

Un hombre corpulento salió con una camisa roja holgada.

En stor mand trådte ud i en hængende rød sweaterskjorte.

Firmó el libro de entrega con letra gruesa y atrevida.

Han underskrev leveringsbogen med en tyk og dristig håndskrift.

Buck sintió de inmediato que este hombre era su próximo torturador.

Buck fornemmede straks, at denne mand var hans næste plageånd.

Se abalanzó violentamente contra los barrotes, con los ojos rojos de furia.

Han kastede sig voldsomt mod tremmerne med røde øjne af raseri.

El hombre simplemente sonrió oscuramente y fue a buscar un hacha.

Manden smilede bare dystert og gik for at hente en økse.

También traía un garrote en su gruesa y fuerte mano derecha.

Han medbragte også en kølle i sin tykke og stærke højre hånd.

"¿Vas a sacarlo ahora?" preguntó preocupado el conductor.

"Skal du køre ham ud nu?" spurgte chaufføren bekymret.

—Claro —dijo el hombre, metiendo el hacha en la caja a modo de palanca.

"Javisst," sagde manden og pressede øksen ned i kassen som en løftestang.

Los cuatro hombres se dispersaron instantáneamente y saltaron al muro del patio.

De fire mænd spredtes øjeblikkeligt og sprang op på gårdsmuren.

Desde sus lugares seguros arriba, esperaban para observar el espectáculo.

Fra deres trygge pladser ovenover ventede de på at se skuespillet.

Buck se abalanzó sobre la madera astillada, mordiéndola y sacudiéndola ferozmente.

Buck kastede sig mod det splintrede træ, bed og rystede voldsomt.

Cada vez que el hacha golpeaba la jaula, Buck estaba allí para atacarla.

Hver gang øksen ramte buret), var Buck der for at angribe den.

Gruñó y chasqueó los dientes con furia salvaje, ansioso por ser liberado.

Han knurrede og snappede af vildt raseri, ivrig efter at blive sluppet fri.

El hombre que estaba afuera estaba tranquilo y firme, concentrado en su tarea.

Manden udenfor var rolig og stødig, optaget af sin opgave.

"Muy bien, demonio de ojos rojos", dijo cuando el agujero
fue grande.

"Nå, din rødøjede djævel," sagde han, da hullet var stort.

Dejó caer el hacha y tomó el garrote con su mano derecha.

Han smed øksen og tog køllen i sin højre hånd.

**Buck realmente parecía un demonio; con los ojos inyectados
en sangre y llameantes.**

Buck lignede virkelig en djævel; øjnene var blodsprængte og
flammende.

**Su pelaje se erizó, le salía espuma por la boca y sus ojos
brillaban.**

Hans frakke strittede, skum skummede om munden, og
øjnene glimtede.

**Tensó los músculos y se lanzó directamente hacia el suéter
rojo.**

Han spændte musklerne og sprang direkte mod den røde
sweater.

**Ciento cuarenta libras de furia volaron hacia el hombre
tranquilo.**

Et hundrede og fyrre pund raseri fløj mod den rolige mand.

**Justo antes de que sus mandíbulas se cerraran, un golpe
terrible lo golpeó.**

Lige før hans kæber lukkede sig, ramte et frygteligt slag ham.

**Sus dientes chasquearon al chocar contra nada más que el
aire.**

Hans tænder knækkede sammen på intet andet end luft

Una sacudida de dolor resonó a través de su cuerpo

et smertestød gennemgik hans krop

**Dio una vuelta en el aire y se estrelló sobre su espalda y su
costado.**

Han væltede midt i luften og styrtede ned på ryggen og siden.

**Nunca antes había sentido el golpe de un garrote y no podía
agarrarlo.**

Han havde aldrig før følt et kølleslag og kunne ikke gribe det.

**Con un gruñido estridente, mitad ladrido, mitad grito, saltó
de nuevo.**

Med et skrigende knurren, dels gøen, dels skrig, sprang han igen.

Otro golpe brutal lo alcanzó y lo arrojó al suelo.

Endnu et brutalt slag ramte ham og kastede ham til jorden.

Esta vez Buck lo entendió: era el pesado garrote del hombre.

Denne gang forstod Buck det – det var mandens tunge kølle.

Pero la rabia lo cegó y no pensó en retirarse.

Men raseri blindede ham, og han tænkte ikke på at trække sig tilbage.

Doce veces se lanzó y doce veces cayó.

Tolv gange kastede han sig, og tolv gange faldt han.

El palo de madera lo golpeaba cada vez con una fuerza despiadada y aplastante.

Trækøllen smadrede ham hver gang med hensynsløs, knusende kraft.

Después de un golpe feroz, se tambaleó hasta ponerse de pie, aturdido y lento.

Efter et voldsomt slag vaklede han op, fortumlet og langsom.

Le salía sangre de la boca, de la nariz y hasta de las orejas.

Blod løb fra hans mund, hans næse og endda hans ører.

Su pelaje, otrora hermoso, estaba manchado de espuma sanguinolenta.

Hans engang så smukke frakke var smurt ind i blodigt skum.

Entonces el hombre se adelantó y le dio un golpe tremendo en la nariz.

Så trådte manden frem og gav ham et voldsomt slag på næsen.

La agonía fue más aguda que cualquier cosa que Buck hubiera sentido jamás.

Smerten var skarpere end noget Buck nogensinde havde følt.

Con un rugido más de bestia que de perro, saltó nuevamente para atacar.

Med et brøl, mere et dyr end en hund, sprang han igen for at angribe.

Pero el hombre se agarró la mandíbula inferior y la torció hacia atrás.

Men manden greb fat i hans underkæbe og vred den bagover.

Buck se dio una vuelta de cabeza y volvió a caer con fuerza.

Buck vendte hovedkulds og styrtede hårdt ned igen.

Una última vez, Buck cargó contra él, ahora apenas capaz de mantenerse en pie.

En sidste gang angreb Buck ham, nu knap nok i stand til at stå.

El hombre atacó con una sincronización experta, dando el golpe final.

Manden slog til med ekspert timing og uddelte det sidste slag.

Buck se desplomó en un montón, inconsciente e inmóvil.

Buck kollapsede i en bunke, bevidstløs og ubevægelig.

"No es ningún inútil a la hora de domar perros, eso es lo que digo", gritó un hombre.

"Han er ikke sløj til at knække hunde, det er det, jeg siger," råbte en mand.

"Druther puede quebrar la voluntad de un perro cualquier día de la semana".

"Druther kan knække en hunds vilje hvilken som helst dag i ugen."

"¡Y dos veces el domingo!" añadió el conductor.

"Og to gange på en søndag!" tilføjede chaufføren.

Se subió al carro y tiró de las riendas para partir.

Han klatrede op i vognen og knækkede tøjlerne for at køre.

Buck recuperó lentamente el control de su conciencia.

Buck genvandt langsomt kontrollen over sin bevidsthed

Pero su cuerpo todavía estaba demasiado débil y roto para moverse.

men hans krop var stadig for svag og ødelagt til at bevæge sig.

Se quedó donde había caído, observando al hombre del suéter rojo.

Han lå, hvor han var faldet, og betragtede den rødtrøjede mand.

"Responde al nombre de Buck", dijo el hombre, leyendo en voz alta.

"Han svarer på navnet Buck," sagde manden og læste højt.

Citó la nota enviada con la caja de Buck y los detalles.

Han citerede fra den besked, der blev sendt med Bucks kasse, og detaljerne.

—Bueno, Buck, muchacho —continuó el hombre con tono amistoso—.

"Nå, Buck, min dreng," fortsatte manden med en venlig tone,

"Hemos tenido nuestra pequeña pelea y ahora todo ha terminado entre nosotros".

"Vi har haft vores lille skænderi, og nu er det slut mellem os."

"Tú has aprendido cuál es tu lugar y yo he aprendido cuál es el mío", añadió.

"Du har lært din plads at kende, og jeg har lært min," tilføjede han.

"Sé bueno y todo irá bien y la vida será placentera".

"Vær god, så skal alt gå godt, og livet skal blive behageligt."

"Pero si te portas mal, te daré una paliza, ¿entiendes?"

"Men hvis du er slem, så tæver jeg dig ihjel, forstået?"

Mientras hablaba, extendió la mano y acarició la cabeza dolorida de Buck.

Mens han talte, rakte han ud og klappede Bucks ømme hoved.

El cabello de Buck se erizó ante el toque del hombre, pero no se resistió.

Bucks hår rejste sig ved mandens berøring, men han gjorde ikke modstand.

El hombre le trajo agua, que Buck bebió a grandes tragos.

Manden bragte ham vand, som Buck drak i store slurke.

Luego vino la carne cruda, que Buck devoró trozo a trozo.

Så kom råt kød, som Buck fortærede stykke for stykke.

Sabía que estaba derrotado, pero también sabía que no estaba roto.

Han vidste, at han var blevet slået, men han vidste også, at han ikke var brækket.

No tenía ninguna posibilidad contra un hombre armado con un garrote.

Han havde ingen chance mod en mand bevæbnet med en kølle.

Había aprendido la verdad y nunca olvidó esa lección.

Han havde lært sandheden, og han glemte aldrig den lektie.

Esa arma fue el comienzo de la ley en el nuevo mundo de Buck.

Det våben var begyndelsen på loven i Bucks nye verden.

Fue el comienzo de un orden duro y primitivo que no podía negar.

Det var starten på en hård, primitiv orden, han ikke kunne benægte.

Aceptó la verdad; sus instintos salvajes ahora estaban despiertos.

Han accepterede sandheden; hans vilde instinkter var nu vågne.

El mundo se había vuelto más duro, pero Buck lo afrontó con valentía.

Verden var blevet hårdere, men Buck mødte den tappert.

Afrontó la vida con nueva cautela, astucia y fuerza silenciosa.

Han mødte livet med ny forsigtighed, list og stille styrke.

Llegaron más perros, atados con cuerdas o cajas como había estado Buck.

Flere hunde ankom, bundet i reb eller bure, ligesom Buck havde været.

Algunos perros llegaron con calma, otros se enfurecieron y pelearon como bestias salvajes.

Nogle hunde kom roligt, andre rasede og kæmpede som vilde dyr.

Todos ellos quedaron bajo el dominio del hombre del suéter rojo.

De blev alle bragt under den rødtrøjede mands styre.

Cada vez, Buck observaba y veía cómo se desarrollaba la misma lección.

Hver gang så Buck den samme lektie udfolde sig.

El hombre con el garrote era la ley, un amo al que había que obedecer.

Manden med køllen var loven; en mester, der skulle adlydes.

No necesitaba ser querido, pero sí obedecido.

Han behøvede ikke at blive holdt af, men han skulle adlydes.

Buck nunca adulaba ni meneaba la cola como lo hacían los perros más débiles.

Buck gryede eller logrede aldrig, som de svagere hunde
gjorde.

**Vio perros que estaban golpeados y todavía lamían la mano
del hombre.**

Han så hunde, der var blevet slået, og som stadig slikkede
mandens hånd.

Vio un perro que no obedecía ni se sometía en absoluto.

Han så en hund, der slet ikke ville adlyde eller bukke under
for ham.

Ese perro luchó hasta que murió en la batalla por el control.

Den hund kæmpede, indtil den blev dræbt i kampen om
kontrollen.

**A veces, desconocidos venían a ver al hombre del suéter
rojo.**

Fremmede kom sommetider for at se den rødtrøjede mand.

**Hablaban en tonos extraños, suplicando, negociando y
riendo.**

De talte i en mærkelig tone, tryglede, prutede og lo.

**Cuando se intercambiaba dinero, se iban con uno o más
perros.**

Når der blev udvekslet penge, tog de afsted med en eller flere
hunde.

**Buck se preguntó a dónde habían ido esos perros, pues
ninguno regresaba jamás.**

Buck spekulerede på, hvor disse hunde blev af, for ingen
vendte nogensinde tilbage.

**El miedo a lo desconocido llenaba a Buck cada vez que un
hombre extraño se acercaba.**

frygten for det ukendte fyldte Buck hver gang en fremmed
mand kom

**Se alegraba cada vez que se llevaban a otro perro en lugar de
a él mismo.**

Han var glad hver gang en anden hund blev taget, snarere end
ham selv.

**Pero finalmente, llegó el turno de Buck con la llegada de un
hombre extraño.**

Men endelig kom Bucks tur med ankomsten af en fremmed mand.

Era pequeño, fibroso y hablaba un inglés deficiente y decía palabrotas.

Han var lille, senet og talte gebrokkent engelsk og bandede.

—¡Sacredam! —gritó cuando vio el cuerpo de Buck.

"Sacredam!" råbte han, da han fik øje på Bucks krop.

—¡Qué perro tan bravucón! ¿Eh? ¿Cuánto? —preguntó en voz alta.

"Det er da en forbandet bøllehund! Eh? Hvor meget?" spurgte han højt.

"Trescientos, y es un regalo a ese precio".

"Tre hundrede, og han er en gave til den pris,"

—Como es dinero del gobierno, no deberías quejarte, Perrault.

"Da det er statslige penge, bør du ikke klage, Perrault."

Perrault sonrió ante el trato que acababa de hacer con aquel hombre.

Perrault smilede bredt over den aftale, han lige havde indgået med manden.

El precio de los perros se disparó debido a la repentina demanda.

Prisen på hunde var steget kraftigt på grund af den pludselige efterspørgsel.

Trescientos dólares no era injusto para una bestia tan bella.

Tre hundrede dollars var ikke urimeligt for så fint et bæst.

El gobierno canadiense no perdería nada con el acuerdo

Den canadiske regering ville ikke miste noget på aftalen

Además sus despachos oficiales tampoco sufrirían demoras en el tránsito.

Deres officielle forsendelser ville heller ikke blive forsinket under transport.

Perrault conocía bien a los perros y podía ver que Buck era algo raro.

Perrault kendte hunde godt, og kunne se at Buck var noget sjældent.

"Uno entre diez diez mil", pensó mientras estudiaba la complexión de Buck.

"En ud af ti titusind," tænkte han, mens han studerede Bucks kropsbygning.

Buck vio que el dinero cambiaba de manos, pero no mostró sorpresa.

Buck så pengene skifte hænder, men viste ingen overraskelse.

Pronto él y Curly, un gentil Terranova, fueron llevados lejos.

Snart blev han og Krøllet, en blid newfoundlænder, ført væk.

Siguieron al hombrecito desde el patio del suéter rojo.

De fulgte den lille mand fra den røde sweaters gård.

Esa fue la última vez que Buck vio al hombre con el garrote de madera.

Det var det sidste, Buck nogensinde så til manden med trækøllen.

Desde la cubierta del Narwhal vio cómo Seattle se desvanecía en la distancia.

Fra Narhvalens dæk så han Seattle forsvinde i det fjerne.

También fue la última vez que vio las cálidas tierras del Sur.

Det var også sidste gang, han nogensinde så det varme Sydland.

Perrault los llevó bajo cubierta y los dejó con François.

Perrault tog dem med ned under dæk og efterlod dem hos François.

François era un gigante de cara negra y manos ásperas y callosas.

François var en kæmpe med et sort ansigt og ru, hårdhudede hænder.

Era oscuro y moreno, un mestizo francocanadiense.

Han var mørk og gråhud; en halvblods fransk-canadier.

Para Buck, estos hombres eran de un tipo que nunca había visto antes.

For Buck var disse mænd af en slags, han aldrig havde set før.

En los días venideros conocería a muchos hombres así.

Han ville komme til at kende mange sådanne mænd i de kommende dage.

No llegó a encariñarse con ellos, pero llegó a respetarlos.

Han blev ikke glad for dem, men han kom til at respektere dem.

Eran justos y sabios, y no se dejaban engañar fácilmente por ningún perro.

De var retfærdige og kloge og lod sig ikke let narre af nogen hund.

Juzgaban a los perros con calma y castigaban sólo cuando lo merecían.

De dømte hunde roligt og straffede kun, når de var fortjente.

En la cubierta inferior del Narwhal, Buck y Curly se encontraron con dos perros.

På Narhvalens nederste dæk mødte Buck og Krøllet to hunde.

Uno de ellos era un gran perro blanco procedente de la lejana y gélida región de Spitzbergen.

Den ene var en stor hvid hund fra det fjerne, iskolde Spitsbergen.

Una vez navegó con un ballenero y se unió a un grupo de investigación.

Han havde engang sejlet med en hvalfanger og været med i en undersøgelsesgruppe.

Era amigable de una manera astuta, deshonesta y tramposa.

Han var venlig på en snedig, underhånden og snu måde.

En su primera comida, robó un trozo de carne de la sartén de Buck.

Ved deres første måltid stjal han et stykke kød fra Bucks pande.

Buck saltó para castigarlo, pero el látigo de François golpeó primero.

Buck sprang for at straffe ham, men François' pisk ramte først.

El ladrón blanco gritó y Buck recuperó el hueso robado.

Den hvide tyv gøs, og Buck genvandt det stjålne ben.

Esa imparcialidad impresionó a Buck y François se ganó su respeto.

Den retfærdighed imponerede Buck, og François fortjente hans respekt.

El otro perro no saludó y no quiso recibir saludos a cambio.

Den anden hund hilste ikke og ønskede ingen tilbage.

No robaba comida ni olfateaba con interés a los recién llegados.

Han stjal ikke mad og snusede heller ikke interesseret til de nyankomne.

Este perro era sombrío y silencioso, melancólico y de movimientos lentos.

Denne hund var dyster og stille, dyster og langsomt bevægende.

Le advirtió a Curly que se mantuviera alejada simplemente mirándola fijamente.

Han advarede Krøllet om at holde sig væk ved blot at stirre på hende.

Su mensaje fue claro: déjenme en paz o habrá problemas.

Hans budskab var klart: lad mig være, ellers bliver der problemer.

Se llamaba Dave y apenas se fijaba en su entorno.

Han hed Dave, og han bemærkede knap nok sine omgivelser.

Dormía a menudo, comía tranquilamente y bostezaba de vez en cuando.

Han sov ofte, spiste stille og gabte af og til.

El barco zumbaba constantemente con la hélice golpeando debajo.

Skibet brummede konstant med den bankende propel nedenunder.

Los días pasaron con pocos cambios, pero el clima se volvió más frío.

Dagene gik uden store forandringer, men vejret blev koldere.

Buck podía sentirlo en sus huesos y notó que los demás también lo sentían.

Buck kunne mærke det i sine knogler, og bemærkede at de andre også gjorde.

Entonces, una mañana, la hélice se detuvo y todo quedó en silencio.

Så en morgen stoppede propellen, og alt var stille.

Una energía recorrió la nave; algo había cambiado.

En energi skyllede gennem skibet; noget havde ændret sig.

François bajó, les puso las correas y los trajo arriba.

François kom ned, satte dem i snore og bragte dem op.

Buck salió y encontró el suelo suave, blanco y frío.

Buck trådte ud og fandt jorden blød, hvid og kold.

Saltó hacia atrás alarmado y resopló totalmente confundido.

Han sprang tilbage i alarm og fnøs i total forvirring.

Una extraña sustancia blanca caía del cielo gris.

Mærkelige hvide ting faldt ned fra den grå himmel.

Se sacudió, pero los copos blancos seguían cayendo sobre él.

Han rystede sig, men de hvide flager blev ved med at lande på ham.

Olió con cuidado la sustancia blanca y lamió algunos trocitos helados.

Han snusede forsigtigt til den hvide masse og slikkede på et par iskolde stykker.

El polvo ardió como fuego y luego desapareció de su lengua.

Pulveret brændte som ild og forsvandt derefter lige fra hans tunge.

Buck lo intentó de nuevo, desconcertado por la extraña frialdad que desaparecía.

Buck prøvede igen, forvirret over den mærkelige, forsvindende kulde.

Los hombres que lo rodeaban se rieron y Buck se sintió avergonzado.

Mændene omkring ham lo, og Buck følte sig flov.

No sabía por qué, pero le avergonzaba su reacción.

Han vidste ikke hvorfor, men han skammede sig over sin reaktion.

Fue su primera experiencia con la nieve y le confundió.

Det var hans første oplevelse med sne, og det forvirrede ham.

La ley del garrote y el colmillo
Loven om kølle og hugtand

El primer día de Buck en la playa de Dyea se sintió como una terrible pesadilla.
Bucks første dag på Dyea-stranden føltes som et forfærdeligt mareridt.
Cada hora traía nuevas sorpresas y cambios inesperados para Buck.
Hver time bragte nye chok og uventede forandringer for Buck.
Lo habían sacado de la civilización y lo habían arrojado a un caos salvaje.
Han var blevet trukket ud af civilisationen og kastet ud i vildt kaos.
Aquella no era una vida soleada y tranquila, llena de aburrimiento y descanso.
Dette var ikke et solrigt, dovent liv med kedsomhed og hvile.
No había paz, ni descanso, ni momento sin peligro.
Der var ingen fred, ingen hvile og intet øjeblik uden fare.
La confusión lo dominaba todo y el peligro siempre estaba cerca.
Forvirring herskede over alt, og faren var altid nær.
Buck tuvo que mantenerse alerta porque estos hombres y perros eran diferentes.
Buck måtte være opmærksom, fordi disse mænd og hunde var forskellige.
No eran de pueblos; eran salvajes y sin piedad.
De var ikke fra byer; de var vilde og uden nåde.
Estos hombres y perros sólo conocían la ley del garrote y el colmillo.
Disse mænd og hunde kendte kun loven om kølle og hugtand.
Buck nunca había visto perros pelear como estos salvajes huskies.
Buck havde aldrig set hunde slås som disse vilde huskyer.
Su primera experiencia le enseñó una lección que nunca olvidaría.

Hans første oplevelse lærte ham en lektie, han aldrig ville glemme.

Tuvo suerte de que no fuera él, o habría muerto también.

Han var heldig, at det ikke var ham, ellers var han også død.

Curly fue el que sufrió mientras Buck observaba y aprendía.

Det var Krøllet, der led, mens Buck så på og lærte.

Habían acampado cerca de una tienda construida con troncos.

De havde slået lejr i nærheden af en butik bygget af tømmerstokke.

Curly intentó ser amigable con un husky grande, parecido a un lobo.

Krøllet forsøgte at være venlig over for en stor, ulvelignende husky.

El husky era más pequeño que Curly, pero parecía salvaje y malvado.

Huskyen var mindre end Krøllet, men så vild og ond ud.

Sin previo aviso, saltó y le abrió el rostro.

Uden varsel sprang han op og skar hendes ansigt op.

Sus dientes la atravesaron desde el ojo hasta la mandíbula en un solo movimiento.

Hans tænder skar fra hendes øje ned til hendes kæbe i ét træk.

Así era como peleaban los lobos: golpeaban rápido y saltaban.

Sådan kæmpede ulve – de slog hurtigt og sprang væk.

Pero había mucho más que aprender de ese único ataque.

Men der var mere at lære end af det ene angreb.

Decenas de huskies entraron corriendo y formaron un círculo silencioso.

Snesevis af huskyer stormede ind og dannede en stille cirkel.

Observaron atentamente y se lamieron los labios con hambre.

De så nøje til og slikkede sig om læberne af sult.

Buck no entendió su silencio ni sus miradas ansiosas.

Buck forstod ikke deres tavshed eller deres ivrige øjne.

Curly se apresuró a atacar al husky por segunda vez.

Krøllet skyndte sig at angribe huskyen en gang til.

Él usó su pecho para derribarla con un movimiento fuerte.
Han brugte brystet til at vælte hende med et kraftigt træk.
Ella cayó de lado y no pudo levantarse más.
Hun faldt om på siden og kunne ikke komme op igen.
Eso era lo que los demás habían estado esperando todo el tiempo.
Det var det, de andre havde ventet på hele tiden.
Los perros esquimales saltaron sobre ella, aullando y gruñendo frenéticamente.
Huskierne hoppede på hende, mens de gøede og knurrede i et vanvid.
Ella gritó cuando la enterraron bajo una pila de perros.
Hun skreg, da de begravede hende under en bunke hunde.
El ataque fue tan rápido que Buck se quedó paralizado por la sorpresa.
Angrebet var så hurtigt, at Buck frøs til af chok.
Vio a Spitz sacar la lengua de una manera que parecía una risa.
Han så Spitz stikke tungen ud på en måde, der lignede en latter.
François cogió un hacha y corrió directamente hacia el grupo de perros.
François greb en økse og løb direkte ind i flokken af hunde.
Otros tres hombres usaron palos para ayudar a ahuyentar a los perros esquimales.
Tre andre mænd brugte køller til at hjælpe med at jage huskyerne væk.
En sólo dos minutos, la pelea terminó y los perros desaparecieron.
På bare to minutter var kampen slut, og hundene var væk.
Curly yacía muerta en la nieve roja y pisoteada, con su cuerpo destrozado.
Krøllet lå død i den røde, nedtrampede sne, hendes krop revet i stykker.
Un hombre de piel oscura estaba de pie sobre ella, maldiciendo la brutal escena.

En mørkhudet mand stod over hende og bandede over den brutale scene.

El recuerdo permaneció con Buck y atormentó sus sueños por la noche.

Mindet blev hos Buck og hjemsøgte hans drømme om natten.

Así era aquí: sin justicia, sin segundas oportunidades.

Sådan var det her; ingen retfærdighed, ingen anden chance.

Una vez que un perro caía, los demás lo mataban sin piedad.

Når en hund faldt, ville de andre dræbe uden nåde.

Buck decidió entonces que nunca se permitiría caer.

Buck besluttede sig da for, at han aldrig ville tillade sig selv at falde.

Spitz volvió a sacar la lengua y se rió de la sangre.

Spitz stak igen tungen ud og lo af blodet.

Desde ese momento, Buck odió a Spitz con todo su corazón.

Fra det øjeblik hadede Buck Spitz af hele sit hjerte.

Antes de que Buck pudiera recuperarse de la muerte de Curly, sucedió algo nuevo.

Før Buck kunne komme sig over Krøllets død, skete der noget nyt.

François se acercó y ató algo alrededor del cuerpo de Buck.

François kom hen og bandt noget om Bucks krop.

Era un arnés como los que usaban los caballos en el rancho.

Det var en sele ligesom dem, der bruges på heste på ranchen.

Así como Buck había visto trabajar a los caballos, ahora él también estaba obligado a trabajar.

Ligesom Buck havde set heste arbejde, skulle han nu også arbejde.

Tuvo que arrastrar a François en un trineo hasta el bosque cercano.

Han måtte trække François på en slæde ind i den nærliggende skov.

Después tuvo que arrastrar una carga de leña pesada.

Så måtte han trække et læs tungt brænde tilbage.

Buck era orgulloso, por eso le dolía que lo trataran como a un animal de trabajo.

Buck var stolt, så det gjorde ondt på ham at blive behandlet som et arbejdsdyr.

Pero él era sabio y no intentó luchar contra la nueva situación.

Men han var klog og forsøgte ikke at kæmpe imod den nye situation.

Aceptó su nueva vida y dio lo mejor de sí en cada tarea.

Han accepterede sit nye liv og gav sit bedste i enhver opgave.

Todo en la obra le resultaba extraño y desconocido.

Alt ved arbejdet var mærkeligt og uvant for ham.

Francisco era estricto y exigía obediencia sin demora.

François var streng og krævede lydighed uden tøven.

Su látigo garantizaba que cada orden fuera seguida al instante.

Hans pisk sørgede for, at enhver kommando blev fulgt med det samme.

Dave era el que conducía el trineo, el perro que estaba más cerca de él, detrás de Buck.

Dave var hjulmanden, hunden nærmest slæden bag Buck.

Dave mordió a Buck en las patas traseras si cometía un error.

Dave bed Buck i bagbenene, hvis han lavede en fejl.

Spitz era el perro líder, hábil y experimentado en su función.

Spitz var førerhunden, dygtig og erfaren i rollen.

Spitz no pudo alcanzar a Buck fácilmente, pero aún así lo corrigió.

Spitz kunne ikke nemt nå Buck, men rettede ham alligevel.

Gruñó con dureza o tiró del trineo de maneras que le enseñaron a Buck.

Han knurrede hårdt eller trak slæden på måder, der lærte Buck det.

Con este entrenamiento, Buck aprendió más rápido de lo que cualquiera de ellos esperaba.

Under denne træning lærte Buck hurtigere end nogen af dem forventede.

Trabajó duro y aprendió tanto de François como de los otros perros.

Han arbejdede hårdt og lærte af både François og de andre hunde.

Cuando regresaron, Buck ya conocía los comandos clave.

Da de vendte tilbage, kendte Buck allerede de vigtigste kommandoer.

Aprendió a detenerse al oír la palabra "ho" gracias a François.

Han lærte at stoppe ved lyden af "ho" fra François.

Aprendió cuando tenía que tirar del trineo y correr.

Han lærte det, når han skulle trække slæden og løbe.

Aprendió a girar abiertamente en las curvas del camino sin problemas.

Han lærte at dreje bredt i sving på stien uden problemer.

También aprendió a evitar a Dave cuando el trineo descendía rápidamente.

Han lærte også at undgå Dave, når slæden kørte hurtigt ned ad bakke.

"Son perros muy buenos", le dijo orgulloso François a Perrault.

"De er rigtig gode hunde," fortalte François stolt Perrault.

"Ese Buck tira como un demonio. Le enseño rapidísimo".

"Den Buck trækker som bare pokker – jeg lærer ham det så hurtigt."

Más tarde ese día, Perrault regresó con dos perros husky más.

Senere samme dag kom Perrault tilbage med to huskyhunde mere.

Se llamaban Billee y Joe y eran hermanos.

Deres navne var Billee og Joe, og de var brødre.

Venían de la misma madre, pero no se parecían en nada.

De kom fra den samme mor, men var slet ikke ens.

Billee era de carácter dulce y muy amigable con todos.

Billee var mild og alt for venlig over for alle.

Joe era todo lo contrario: tranquilo, enojado y siempre gruñendo.

Joe var det modsatte – stille, vred og altid knurrende.

Buck los saludó de manera amigable y se mostró tranquilo con ambos.

Buck hilste venligt på dem og var rolig over for dem begge.

Dave no les prestó atención y permaneció en silencio como siempre.

Dave lagde ikke mærke til dem og forblev tavs som sædvanlig.

Spitz atacó primero a Billee, luego a Joe, para demostrar su dominio.

Spitz angreb først Billee, derefter Joe, for at vise sin dominans.

Billee movió la cola y trató de ser amigable con Spitz.

Billee logrede med halen og prøvede at være venlig over for Spitz.

Cuando eso no funcionó, intentó huir.

Da det ikke virkede, prøvede han i stedet at stikke af.

Lloró tristemente cuando Spitz lo mordió fuerte en el costado.

Han græd sørgmodigt, da Spitz bed ham hårdt i siden.

Pero Joe era muy diferente y se negaba a dejarse intimidar.

Men Joe var meget anderledes og nægtede at blive mobbet.

Cada vez que Spitz se acercaba, Joe giraba rápidamente para enfrentarlo.

Hver gang Spitz kom i nærheden, drejede Joe sig hurtigt om for at stå ansigt til ansigt med ham.

Su pelaje se erizó, sus labios se curvaron y sus dientes chasquearon salvajemente.

Hans pels strittede, hans læber krøllede sig sammen, og hans tænder knækkede vildt.

Los ojos de Joe brillaron de miedo y rabia, desafiando a Spitz a atacar.

Joes øjne glimtede af frygt og raseri og udfordrede Spitz til at slå til.

Spitz abandonó la lucha y se alejó, humillado y enojado.

Spitz opgav kampen og vendte sig væk, ydmyget og vred.

Descargó su frustración en el pobre Billee y lo ahuyentó.

Han lod sin frustration ud over stakkels Billee og jog ham væk.

Esa noche, Perrault añadió un perro más al equipo.

Den aften tilføjede Perrault endnu en hund til holdet.

Este perro era viejo, delgado y cubierto de cicatrices de batalla.

Denne hund var gammel, mager og dækket af kampar.

Le faltaba un ojo, pero el otro brillaba con poder.

Det ene af hans øjne manglede, men det andet glimtede af kraft.

El nombre del nuevo perro era Solleks, que significaba "el enojado".

Den nye hunds navn var Solleks, hvilket betød den Vrede.

Al igual que Dave, Solleks no pidió nada a los demás y no dio nada a cambio.

Ligesom Dave bad Solleks ikke andre om noget og gav intet tilbage.

Cuando Solleks entró lentamente al campamento, incluso Spitz se mantuvo alejado.

Da Solleks langsomt gik ind i lejren, holdt selv Spitz sig væk.

Tenía un hábito extraño que Buck tuvo la mala suerte de descubrir.

Han havde en mærkelig vane, som Buck var uheldig at opdage.

A Solleks le disgustaba que se acercaran a él por el lado donde estaba ciego.

Solleks hadede at blive kontaktet fra den side, hvor han var blind.

Buck no sabía esto y cometió ese error por accidente.

Buck vidste ikke dette og begik den fejl ved et uheld.

Solleks se dio la vuelta y cortó el hombro de Buck profunda y rápidamente.

Solleks snurrede rundt og skar Bucks skulder dybt og hurtigt.

A partir de ese momento, Buck nunca se acercó al lado ciego de Solleks.

Fra det øjeblik kom Buck aldrig i nærheden af Solleks' blinde side.

Nunca volvieron a tener problemas durante el resto del tiempo que estuvieron juntos.

De havde aldrig problemer igen resten af deres tid sammen.

Solleks sólo quería que lo dejaran solo, como el tranquilo Dave.

Solleks ville bare være i fred, ligesom den stille Dave.

Pero Buck se enteraría más tarde de que cada uno tenía otro objetivo secreto.

Men Buck skulle senere finde ud af, at de hver især havde et andet hemmeligt mål.

Esa noche, Buck se enfrentó a un nuevo y preocupante desafío: cómo dormir.

Den nat stod Buck over for en ny og bekymrende udfordring – hvordan han skulle sove.

La tienda brillaba cálidamente con la luz de las velas en el campo nevado.

Teltet glødede varmt af stearinlysets skær i den snedækkede mark.

Buck entró, pensando que podría descansar allí como antes.

Buck gik indenfor og tænkte, at han kunne hvile sig der ligesom før.

Pero Perrault y François le gritaron y le lanzaron sartenes.

Men Perrault og François råbte ad ham og kastede med pander.

Sorprendido y confundido, Buck corrió hacia el frío helado.

Chokeret og forvirret løb Buck ud i den iskolde kulde.

Un viento amargo le azotó el hombro herido y le congeló las patas.

En bitter vind stak i hans sårede skulder og frøs hans poter.

Se tumbó en la nieve y trató de dormir al aire libre.

Han lagde sig ned i sneen og prøvede at sove ude i det fri.

Pero el frío pronto le obligó a levantarse de nuevo, temblando mucho.

Men kulden tvang ham snart til at rejse sig igen, rystende voldsomt.

Deambuló por el campamento intentando encontrar un lugar más cálido.

Han vandrede gennem lejren og forsøgte at finde et varmere sted.

Pero cada rincón estaba tan frío como el anterior.
Men hvert hjørne var lige så koldt som det foregående.
A veces, perros salvajes saltaban sobre él desde la oscuridad.
Nogle gange sprang vilde hunde på ham fra mørket.
Buck erizó su pelaje, mostró los dientes y gruñó en señal de advertencia.
Buck strittede i pelsen, blottede tænderne og knurrede advarende.
Estaba aprendiendo rápido y los otros perros se alejaban rápidamente.
Han lærte hurtigt, og de andre hunde bakkede hurtigt væk.
Aún así, no tenía dónde dormir ni idea de qué hacer.
Alligevel havde han intet sted at sove, og ingen anelse om, hvad han skulle gøre.
Por fin se le ocurrió una idea: ver cómo estaban sus compañeros de equipo.
Endelig slog ham en tanke – se til sine holdkammerater.
Regresó a su zona y se sorprendió al descubrir que habían desaparecido.
Han vendte tilbage til deres område og blev overrasket over at finde dem væk.
Nuevamente buscó por todo el campamento, pero todavía no pudo encontrarlos.
Igen gennemsøgte han lejren, men kunne stadig ikke finde dem.
Sabía que ellos no podían estar en la tienda, o él también lo estaría.
Han vidste, at de ikke kunne være i teltet, ellers ville han også være det.
Entonces ¿a dónde se habían ido todos los perros en este campamento helado?
Så hvor var alle hundene blevet af i denne frosne lejr?
Buck, frío y miserable, caminó lentamente alrededor de la tienda.
Buck, kold og ulykkelig, cirklede langsomt rundt om teltet.
De repente, sus patas delanteras se hundieron en la nieve blanda y lo sobresaltó.

Pludselig sank hans forben ned i den bløde sne og forskrækkede ham.

Algo se movió bajo sus pies y saltó hacia atrás asustado.

Noget vrikkede sig under hans fødder, og han sprang tilbage i frygt.

Gruñó y rugió sin saber qué había debajo de la nieve.

Han knurrede og knurrede, uden at vide, hvad der lå under sneen.

Entonces oyó un ladrido amistoso que alivió su miedo.

Så hørte han et venligt lille gøen, der lindrede hans frygt.

Olfateó el aire y se acercó para ver qué estaba oculto.

Han snusede i luften og kom tættere på for at se, hvad der gemte sig.

Bajo la nieve, acurrucada en una bola cálida, estaba la pequeña Billee.

Under sneen, krøllet sammen til en varm kugle, lå lille Billee.

Billee movió la cola y lamió la cara de Buck para saludarlo.

Billee logrede med halen og slikkede Bucks ansigt for at hilse på ham.

Buck vio cómo Billee había hecho un lugar para dormir en la nieve.

Buck så, hvordan Billee havde lavet en soveplads i sneen.

Había cavado y usado su propio calor para mantenerse caliente.

Han havde gravet sig ned og brugt sin egen varme til at holde sig varm.

Buck había aprendido otra lección: así era como dormían los perros.

Buck havde lært endnu en lektie – det var sådan hundene sov.

Eligió un lugar y comenzó a cavar su propio hoyo en la nieve.

Han valgte et sted og begyndte at grave sit eget hul i sneen.

Al principio, se movía demasiado y desperdiciaba energía.

I starten bevægede han sig for meget rundt og spildte energi.

Pero pronto su cuerpo calentó el espacio y se sintió seguro.

Men snart varmede hans krop rummet op, og han følte sig tryg.

Se acurrucó fuertemente y al poco tiempo estaba profundamente dormido.
Han krøllede sig tæt sammen, og inden længe sov han dybt.
El día había sido largo y duro, y Buck estaba exhausto.
Dagen havde været lang og hård, og Buck var udmattet.
Durmió profundamente y cómodamente, aunque sus sueños fueron salvajes.
Han sov dybt og behageligt, selvom hans drømme var vilde.
Gruñó y ladró mientras dormía, retorciéndose mientras soñaba.
Han knurrede og gøede i søvne, og vred sig, mens han drømte.

Buck no se despertó hasta que el campamento ya estaba cobrando vida.
Buck vågnede ikke, før lejren allerede var begyndt at vågne til liv.
Al principio, no sabía dónde estaba ni qué había sucedido.
I starten vidste han ikke, hvor han var, eller hvad der var sket.
Había nevado durante la noche y había enterrado completamente su cuerpo.
Sneen var faldet natten over og begravede hans krop fuldstændigt.
La nieve lo apretaba por todos lados.
Sneen pressede sig tæt omkring ham, tæt på alle sider.
De repente, una ola de miedo recorrió todo el cuerpo de Buck.
Pludselig skyllede en bølge af frygt gennem hele Bucks krop.
Era el miedo a quedar atrapado, un miedo que provenía de instintos profundos.
Det var frygten for at blive fanget, en frygt fra dybe instinkter.
Aunque nunca había visto una trampa, el miedo vivía dentro de él.
Selvom han aldrig havde set en fælde, levede frygten indeni ham.
Era un perro domesticado, pero ahora sus viejos instintos salvajes estaban despertando.

Han var en tam hund, men nu vågnede hans gamle vilde
instinkter.

**Los músculos de Buck se tensaron y se le erizó el pelaje por
toda la espalda.**

Bucks muskler spændtes, og hans pels rejste sig over hele
ryggen.

Gruñó ferozmente y saltó hacia arriba a través de la nieve.

Han knurrede voldsomt og sprang direkte op gennem sneen.

**La nieve voló en todas direcciones cuando estalló la luz del
día.**

Sneen fløj i alle retninger, da han brød ud i dagslyset.

**Incluso antes de aterrizar, Buck vio el campamento
extendido ante él.**

Selv før landing så Buck lejren brede sig ud foran sig.

Recordó todo del día anterior, de repente.

Han huskede alt fra dagen før, på én gang.

Recordó pasear con Manuel y terminar en ese lugar.

Han huskede, at han slentrede med Manuel og endte på dette
sted.

**Recordó haber cavado el hoyo y haberse quedado dormido
en el frío.**

Han huskede, at han havde gravet hullet og faldet i søvn i
kulden.

**Ahora estaba despierto y el mundo salvaje que lo rodeaba
estaba claro.**

Nu var han vågen, og den vilde verden omkring ham var klar.

Un grito de François saludó la repentina aparición de Buck.

Et råb fra François hyldede Bucks pludselige tilsynekomst.

**—¿Qué te dije? —gritó en voz alta el conductor del perro a
Perrault.**

"Hvad sagde jeg?" råbte hundeføreren højt til Perrault.

"Ese Buck sin duda aprende muy rápido", añadió François.

"Den Buck lærer helt sikkert hurtigt," tilføjede François.

**Perrault asintió gravemente, claramente satisfecho con el
resultado.**

Perrault nikkede alvorligt, tydeligt tilfreds med resultatet.

Como mensajero del gobierno canadiense, transportaba despachos.

Som kurer for den canadiske regering bar han forsendelser.

Estaba ansioso por encontrar los mejores perros para su importante misión.

Han var ivrig efter at finde de bedste hunde til sin vigtige mission.

Se sintió especialmente complacido ahora que Buck era parte del equipo.

Han følte sig særligt glad nu, da Buck var en del af holdet.

Se agregaron tres huskies más al equipo en una hora.

Tre yderligere huskies blev føjet til holdet inden for en time.

Eso elevó el número total de perros en el equipo a nueve.

Det bragte det samlede antal hunde på holdet op på ni.

En quince minutos todos los perros estaban en sus arneses.

Inden for femten minutter var alle hundene i deres seler.

El equipo de trineos avanzaba por el sendero hacia Dyea Cañón.

Slædeholdet svingede op ad stien mod Dyea Cañon.

Buck se sintió contento de partir, incluso si el trabajo que tenía por delante era duro.

Buck var glad for at skulle afsted, selvom arbejdet forude var hårdt.

Descubrió que no despreciaba especialmente el trabajo ni el frío.

Han opdagede, at han ikke særlig foragtede arbejdet eller kulden.

Le sorprendió el entusiasmo que llenaba a todo el equipo.

Han var overrasket over den iver, der fyldte hele holdet.

Aún más sorprendente fue el cambio que se produjo en Dave y Solleks.

Endnu mere overraskende var den forandring, der var kommet over Dave og Solleks.

Estos dos perros eran completamente diferentes cuando estaban enjaezados.

Disse to hunde var helt forskellige, da de var spændt i sele.

Su pasividad y falta de preocupación habían desaparecido por completo.

Deres passivitet og mangel på bekymring var fuldstændig forsvundet.

Estaban alertas y activos, y ansiosos por hacer bien su trabajo.

De var årvågne og aktive og ivrige efter at udføre deres arbejde godt.

Se irritaban ferozmente ante cualquier cosa que causara retraso o confusión.

De blev voldsomt irriterede over alt, der forårsagede forsinkelse eller forvirring.

El duro trabajo en las riendas era el centro de todo su ser.

Det hårde arbejde med tøjlerne var centrum for hele deres væsen.

Tirar del trineo parecía ser lo único que realmente disfrutaban.

Slædetrækning syntes at være det eneste, de virkelig nød.

Dave estaba en la parte de atrás del grupo, más cerca del trineo.

Dave var bagest i gruppen, tættest på selve slæden.

Buck fue colocado delante de Dave, y Solleks se adelantó a Buck.

Buck blev placeret foran Dave, og Solleks trak foran Buck.

El resto de los perros estaban dispersos adelante, en una sola fila.

Resten af hundene var trukket ud foran i én række.

La posición de cabeza en la parte delantera quedó ocupada por Spitz.

Den førende position i front blev udfyldt af Spitz.

Buck había sido colocado entre Dave y Solleks para recibir instrucción.

Buck var blevet placeret mellem Dave og Solleks for at få instruktion.

Él aprendía rápido y sus profesores eran firmes y capaces.

Han var hurtig til at lære, og de var bestemte og dygtige lærere.

Nunca permitieron que Buck permaneciera en el error por mucho tiempo.

De lod aldrig Buck forblive på vildspor længe.

Enseñaron sus lecciones con dientes afilados cuando era necesario.

De underviste deres lektioner med skarpe tænder, når det var nødvendigt.

Dave era justo y mostraba un tipo de sabiduría tranquila y seria.

Dave var retfærdig og udviste en stille, seriøs form for visdom.

Él nunca mordió a Buck sin una buena razón para hacerlo.

Han bed aldrig Buck uden en god grund til det.

Pero nunca dejó de morder cuando Buck necesitaba corrección.

Men han undlod altid at bide, når Buck havde brug for at blive irettesat.

El látigo de Francisco estaba siempre listo y respaldaba su autoridad.

François' pisk var altid klar og bakkede deres autoritet op.

Buck pronto descubrió que era mejor obedecer que defenderse.

Buck fandt snart ud af, at det var bedre at adlyde end at kæmpe imod.

Una vez, durante un breve descanso, Buck se enredó en las riendas.

Engang, under en kort pause, viklede Buck sig ind i tøjlerne.

Retrasó el inicio y confundió los movimientos del equipo.

Han forsinkede starten og forstyrrede holdets bevægelser.

Dave y Solleks se abalanzaron sobre él y le dieron una paliza brutal.

Dave og Solleks fløj efter ham og gav ham et hårdt tæsk.

El enredo sólo empeoró, pero Buck aprendió bien la lección.

Virvaret blev kun værre, men Buck lærte sin lektie godt.

A partir de entonces, mantuvo las riendas tensas y trabajó con cuidado.

Fra da af holdt han tøjlerne stram og arbejdede omhyggeligt.

Antes de que terminara el día, Buck había dominado gran parte de su tarea.

Inden dagen var omme, havde Buck mestret en stor del af sin opgave.

Sus compañeros casi dejaron de corregirlo y morderlo.

Hans holdkammerater holdt næsten op med at rette eller bide ham.

El látigo de François resonaba cada vez con menos frecuencia en el aire.

François' pisk knaldede sjældnere og sjældnere gennem luften.

Perrault incluso levantó los pies de Buck y examinó cuidadosamente cada pata.

Perrault løftede endda Bucks fødder og undersøgte omhyggeligt hver pote.

Había sido un día de carrera duro, largo y agotador para todos ellos.

Det havde været en hård løbetur, lang og udmattende for dem alle.

Viajaron por el Cañón, atravesando Sheep Camp y pasando por Scales.

De rejste op ad Cañon, gennem Sheep Camp og forbi Scales.

Cruzaron la línea de árboles, luego glaciares y bancos de nieve de muchos metros de profundidad.

De krydsede trægrænsen, derefter gletsjere og snedriver, der var mange meter dybe.

Escalaron la gran, fría y prohibitiva divisoria de Chilkoot.

De besteg den store, kolde og uhyggelige Chilkoot-kløft.

Esa alta cresta se encontraba entre el agua salada y el interior helado.

Den høje højderyg stod mellem saltvand og det frosne indre.

Las montañas custodiaban con hielo y empinadas subidas el triste y solitario Norte.

Bjergene beskyttede det triste og ensomme Nord med is og stejle stigninger.

Avanzaron a buen ritmo por una larga cadena de lagos debajo de la divisoria.

De havde god tid ned ad en lang kæde af søer nedenfor kløften.

Esos lagos llenaban los antiguos cráteres de volcanes extintos.

Disse søer fyldte de gamle kratere af udslukte vulkaner.

Tarde esa noche, llegaron a un gran campamento en el lago Bennett.

Sent på aftenen nåede de en stor lejr ved Lake Bennett.

Miles de buscadores de oro estaban allí, construyendo barcos para la primavera.

Tusindvis af guldsøgere var der og byggede både til foråret.

El hielo se rompería pronto y tenían que estar preparados.

Isen ville snart bryde op, og de måtte være klar.

Buck cavó su hoyo en la nieve y cayó en un sueño profundo.

Buck gravede sit hul i sneen og faldt i en dyb søvn.

Durmió como un trabajador, exhausto por la dura jornada de trabajo.

Han sov som en arbejder, udmattet efter den hårde dags slid.

Pero demasiado pronto, en la oscuridad, fue sacado del sueño.

Men for tidligt i mørket blev han hevet ud af søvnen.

Fue enganchado nuevamente con sus compañeros y sujeto al trineo.

Han blev spændt for sammen med sine kammerater igen og fastgjort til slæden.

Aquel día hicieron cuarenta millas, porque la nieve estaba muy pisoteada.

Den dag tilbagelagde de fyrre mil, fordi sneen var godt trådt ned.

Al día siguiente, y durante muchos días más, la nieve estaba blanda.

Den næste dag, og i mange dage efter, var sneen blød.

Tuvieron que hacer el camino ellos mismos, trabajando más duro y moviéndose más lento.

De måtte selv lave stien, arbejde hårdere og bevæge sig langsommere.

Por lo general, Perrault caminaba delante del equipo con raquetas de nieve palmeadas.

Normalt gik Perrault foran holdet med snesko med svømmehud.

Sus pasos compactaron la nieve, facilitando el movimiento del trineo.

Hans skridt pakket sneen, hvilket gjorde det lettere for slæden at bevæge sig.

François, que dirigía el barco desde la dirección, a veces tomaba el relevo.

François, der styrede fra gee-pole, tog sommetider over.

Pero era raro que François tomara la iniciativa.

Men det var sjældent, at François tog føringen

porque Perrault tenía prisa por entregar las cartas y los paquetes.

fordi Perrault havde travlt med at omdele brevene og pakkerne.

Perrault estaba orgulloso de su conocimiento de la nieve, y especialmente del hielo.

Perrault var stolt af sin viden om sne, og især is.

Ese conocimiento era esencial porque el hielo en otoño era peligrosamente delgado.

Den viden var essentiel, fordi efterårsisen var faretruende tynd.

Allí donde el agua fluía rápidamente bajo la superficie, no había hielo en absoluto.

Hvor vandet flød hurtigt under overfladen, var der slet ingen is.

Día tras día, la misma rutina se repetía sin fin.

Dag efter dag gentog den samme rutine sig uden ende.

Buck trabajó incansablemente en las riendas desde el amanecer hasta la noche.

Buck sled uendeligt i tøjlerne fra daggry til nat.

Abandonaron el campamento en la oscuridad, mucho antes de que saliera el sol.

De forlod lejren i mørket, længe før solen var stået op.

Cuando amaneció, ya habían recorrido muchos kilómetros.

Da dagslyset kom, var der allerede mange kilometer bag dem.

Acamparon después del anochecer, comieron pescado y excavaron en la nieve.

De slog lejr efter mørkets frembrud, spiste fisk og gravede sig ned i sneen.

Buck siempre tenía hambre y nunca estaba realmente satisfecho con su ración.

Buck var altid sulten og aldrig helt tilfreds med sin ration.

Recibía una libra y media de salmón seco cada día.

Han fik halvandet pund tørret laks hver dag.

Pero la comida parecía desaparecer dentro de él, dejando atrás el hambre.

Men maden syntes at forsvinde indeni ham og efterlod sulten.

Sufría constantes dolores de hambre y soñaba con más comida.

Han led af konstant sult og drømte om mere mad.

Los otros perros sólo ganaron una libra, pero se mantuvieron fuertes.

De andre hunde fik kun et pund mad, men de forblev stærke.

Eran más pequeños y habían nacido en la vida del norte.

De var mindre og var født ind i det nordlige liv.

Perdió rápidamente la meticulosidad que había caracterizado su antigua vida.

Han mistede hurtigt den omhu, der havde præget hans gamle liv.

Había sido un comensal delicado, pero ahora eso ya no era posible.

Han havde været en lækkerbisken, men nu var det ikke længere muligt.

Sus compañeros terminaron primero y le robaron su ración sobrante.

Hans venner blev først færdige og røvede ham for hans uafsluttede ration.

Una vez que empezaron, no había forma de defender su comida de ellos.

Da de først var begyndt, var der ingen måde at forsvare hans mad mod dem.

Mientras él luchaba contra dos o tres perros, los otros le robaron el resto.

Mens han slog to eller tre hunde væk, stjal de andre resten.

Para solucionar esto, comenzó a comer tan rápido como los demás.

For at løse dette begyndte han at spise lige så hurtigt som de andre spiste.

El hambre lo empujó tan fuerte que incluso tomó comida que no era suya.

Sulten pressede ham så hårdt, at han endda spiste mad, der ikke var sin egen.

Observó a los demás y aprendió rápidamente de sus acciones.

Han iagttog de andre og lærte hurtigt af deres handlinger.

Vio a Pike, un perro nuevo, robarle una rebanada de tocino a Perrault.

Han så Pike, en ny hund, stjæle et stykke bacon fra Perrault.

Pike había esperado hasta que Perrault se dio la espalda para robarle el tocino.

Pike havde ventet, indtil Perrault var vendt ryggen til, for at stjæle baconet.

Al día siguiente, Buck copió a Pike y robó todo el trozo.

Næste dag kopierede Buck Pike og stjal hele stykket.

Se produjo un gran alboroto, pero no se sospechó de Buck.

Et stort oprør fulgte, men Buck var ikke mistænkt.

Dub, un perro torpe que siempre era atrapado, fue castigado.

Dub, en klodset hund der altid blev fanget, blev i stedet straffet.

Ese primer robo marcó a Buck como un perro apto para sobrevivir en el Norte.

Det første tyveri markerede Buck som en hund, der var egnet til at overleve i Norden.

Demostró que podía adaptarse a nuevas condiciones y aprender rápidamente.

Han viste, at han kunne tilpasse sig nye forhold og lære hurtigt.

Sin esa adaptabilidad, habría muerto rápida y gravemente.

Uden en sådan tilpasningsevne ville han være død hurtigt og alvorligt.

También marcó el colapso de su naturaleza moral y de sus valores pasados.

Det markerede også et sammenbrud af hans moralske natur og tidligere værdier.

En el Sur, había vivido bajo la ley del amor y la bondad.

I Sydlandet havde han levet under kærlighedens og venlighedens lov.

Allí tenía sentido respetar la propiedad y los sentimientos de los otros perros.

Der gav det mening at respektere ejendom og andre hundes følelser.

Pero en el Norte se aplicaba la ley del garrote y la ley del colmillo.

Men Northland fulgte kølleloven og hugtandloven.

Quienquiera que respetara los viejos valores aquí sería un tonto y fracasaría.

Den, der respekterede gamle værdier her, var tåbelig og ville fejle.

Buck no razonó todo esto en su mente.

Buck tænkte ikke alt dette igennem i sit hoved.

Estaba en forma y se adaptó sin necesidad de pensar.

Han var i form, så han tilpassede sig uden at behøve at tænke.

Durante toda su vida, nunca había huido de una pelea.

Hele sit liv var han aldrig løbet væk fra en kamp.

Pero el garrote de madera del hombre del suéter rojo cambió esa regla.

Men trækøllen til manden i den røde sweater ændrede den regel.

Ahora seguía un código más profundo y antiguo escrito en su ser.

Nu fulgte han en dybere, ældre kodeks skrevet ind i hans væsen.

No robó por placer sino por el dolor del hambre.
Han stjal ikke af nydelse, men af sultens smerte.
Él nunca robaba abiertamente, sino que hurtaba con astucia y cuidado.
Han røvede aldrig åbenlyst, men stjal med list og omhu.
Actuó por respeto al garrote de madera y por miedo al colmillo.
Han handlede af respekt for trækøllen og frygt for hugtand.
En resumen, hizo lo que era más fácil y seguro que no hacerlo.
Kort sagt, han gjorde det, der var nemmere og sikrere end ikke at gøre det.
Su desarrollo —o quizás su regreso a los viejos instintos— fue rápido.
Hans udvikling – eller måske hans tilbagevenden til gamle instinkter – var hurtig.
Sus músculos se endurecieron hasta sentirse tan fuertes como el hierro.
Hans muskler blev hårde, indtil de føltes stærke som jern.
Ya no le importaba el dolor, a menos que fuera grave.
Han var ligeglad med smerten længere, medmindre den var alvorlig.
Se volvió eficiente por dentro y por fuera, sin desperdiciar nada.
Han blev effektiv både indvendigt og udvendigt og spildte ingenting.
Podía comer cosas viles, podridas o difíciles de digerir.
Han kunne spise ting, der var modbydelige, rådne eller svære at fordøje.
Todo lo que comía, su estómago aprovechaba hasta el último vestigio de valor.
Uanset hvad han spiste, brugte hans mave hver en smule af værdi.
Su sangre transportaba los nutrientes a través de su poderoso cuerpo.
Hans blod bar næringsstofferne langt gennem hans kraftfulde krop.

Esto creó tejidos fuertes que le dieron una resistencia increíble.

Dette opbyggede stærkt væv, der gav ham utrolig udholdenhed.

Su vista y su olfato se volvieron mucho más sensibles que antes.

Hans syn og lugtesans blev meget mere følsomme end før.

Su audición se agudizó tanto que podía detectar sonidos débiles durante el sueño.

Hans hørelse blev så skarp, at han kunne opfatte svage lyde i søvne.

Sabía en sueños si los sonidos significaban seguridad o peligro.

Han vidste i sine drømme, om lydene betød sikkerhed eller fare.

Aprendió a morder el hielo entre los dedos de los pies con los dientes.

Han lærte at bide i isen mellem tæerne med tænderne.

Si un charco de agua se congelaba, rompía el hielo con las piernas.

Hvis et vandhul frøs til, ville han bryde isen med benene.

Se encabritó y golpeó con fuerza el hielo con sus rígidas patas delanteras.

Han rejste sig og slog hårdt i isen med stive forlemmer.

Su habilidad más sorprendente era predecir los cambios del viento durante la noche.

Hans mest slående evne var at forudsige vindændringer natten over.

Incluso cuando el aire estaba quieto, elegía lugares protegidos del viento.

Selv når luften var stille, valgte han steder i læ for vinden.

Dondequiera que cavaba su nido, el viento del día siguiente lo pasaba de largo.

Hvor end han gravede sin rede, blæste den næste dags vind forbi ham.

Siempre acababa abrigado y protegido, a sotavento de la brisa.

Han endte altid lunt og beskyttet, i læ af vinden.

Buck no sólo aprendió con la experiencia: sus instintos también regresaron.

Buck lærte ikke kun af erfaring – hans instinkter vendte også tilbage.

Los hábitos de las generaciones domesticadas comenzaron a desaparecer.

De domesticerede generationers vaner begyndte at falde væk.

De manera vaga, recordaba los tiempos antiguos de su raza.

På vage måder huskede han sin races oldtid.

Recordó cuando los perros salvajes corrían en manadas por los bosques.

Han tænkte tilbage på dengang vilde hunde løb i flok gennem skovene.

Habían perseguido y matado a su presa mientras la perseguían.

De havde jagtet og dræbt deres bytte, mens de løb efter det.

Para Buck fue fácil aprender a pelear con dientes y velocidad.

Det var let for Buck at lære at kæmpe med tænder og fart.

Utilizaba cortes, tajos y chasquidos rápidos igual que sus antepasados.

Han brugte snit, hug og hurtige snaps ligesom sine forfædre.

Aquellos antepasados se agitaron dentro de él y despertaron su naturaleza salvaje.

Disse forfædre rørte sig i ham og vækkede hans vilde natur.

Sus antiguas habilidades habían pasado a él a través de la línea de sangre.

Deres gamle færdigheder var gået i arv til ham.

Sus trucos ahora eran suyos, sin necesidad de práctica ni esfuerzo.

Deres tricks var nu hans, uden behov for øvelse eller anstrengelse.

En las noches frías y quietas, Buck levantaba la nariz y aullaba.

På stille, kolde nætter løftede Buck næsen og hylede.

Aulló largo y profundamente, como lo hacían los lobos antaño.

Han hylede længe og dybt, sådan som ulve havde gjort for længe siden.

A través de él, sus antepasados muertos apuntaron sus narices y aullaron.

Gennem ham pegede hans afdøde forfædre næsen og hylede.

Aullaron a través de los siglos con su voz y su forma.

De hylede ned gennem århundrederne i hans stemme og skikkelse.

Sus cadencias eran las de ellos, viejos gritos que hablaban de dolor y frío.

Hans kadencer var deres, gamle råb, der fortalte om sorg og kulde.

Cantaron sobre la oscuridad, el hambre y el significado del invierno.

De sang om mørke, om sult og vinterens betydning.

Buck demostró cómo la vida está determinada por fuerzas ajenas a uno mismo.

Buck beviste, hvordan livet formes af kræfter ud over én selv,

La antigua canción se elevó a través de Buck y se apoderó de su alma.

den gamle sang steg gennem Buck og greb fat i hans sjæl.

Se encontró a sí mismo porque los hombres habían encontrado oro en el Norte.

Han fandt sig selv, fordi mænd havde fundet guld i Norden.

Y se encontró porque Manuel, el ayudante del jardinero, necesitaba dinero.

Og han fandt sig selv, fordi Manuel, gartnerens hjælper, havde brug for penge.

La Bestia Primordial Dominante
Det dominerende urdyr

La bestia primordial dominante era tan fuerte como siempre en Buck.
Det dominerende urdyr var lige så stærkt som altid i Buck.
Pero la bestia primordial dominante yacía latente en él.
Men det dominerende urdyr havde ligget i dvale i ham.
La vida en el camino era dura, pero fortalecía a la bestia que Buck llevaba dentro.
Livet på stien var hårdt, men det styrkede dyret indeni Buck.
En secreto, la bestia se hacía cada día más fuerte.
Hemmeligt blev udyret stærkere og stærkere for hver dag.
Pero ese crecimiento interior permaneció oculto para el mundo exterior.
Men den indre vækst forblev skjult for omverdenen.
Una fuerza primordial, tranquila y calmada se estaba construyendo dentro de Buck.
En stille og rolig urkraft var ved at bygge sig op inde i Buck.
Una nueva astucia le proporcionó a Buck equilibrio, calma, control y aplomo.
Ny list gav Buck balance, rolig kontrol og raseri.
Buck se concentró mucho en adaptarse, sin sentirse nunca totalmente relajado.
Buck fokuserede hårdt på at tilpasse sig og følte sig aldrig helt afslappet.
Él evitaba los conflictos, nunca iniciaba peleas ni buscaba problemas.
Han undgik konflikter, startede aldrig skænderier eller opsøgte problemer.
Una reflexión lenta y constante moldeó cada movimiento de Buck.
En langsom, støt eftertænksomhed formede hver eneste bevægelse af Buck.
Evitó las elecciones precipitadas y las decisiones repentinas e imprudentes.

Han undgik forhastede valg og pludselige, hensynsløse beslutninger.

Aunque Buck odiaba profundamente a Spitz, no le mostró ninguna agresión.

Selvom Buck hadede Spitz dybt, viste han ham ingen aggression.

Buck nunca provocó a Spitz y mantuvo sus acciones moderadas.

Buck provokerede aldrig Spitz og holdt sine handlinger tilbage.

Spitz, por otro lado, percibió el creciente peligro en Buck.

Spitz fornemmede derimod den voksende fare i Buck.

Él veía a Buck como una amenaza y un serio desafío a su poder.

Han så Buck som en trussel og en alvorlig udfordring for sin magt.

Aprovechó cada oportunidad para gruñir y mostrar sus afilados dientes.

Han benyttede enhver lejlighed til at knurre og vise sine skarpe tænder.

Estaba tratando de iniciar la pelea mortal que estaba por venir.

Han forsøgte at starte den dødbringende kamp, der måtte komme.

Al principio del viaje casi se desató una pelea entre ellos.

Tidligt på turen brød der næsten ud et slagsmål mellem dem.

Pero un accidente inesperado detuvo la pelea.

Men en uventet ulykke forhindrede kampen.

Esa tarde acamparon en el gélido lago Le Barge.

Den aften slog de lejr ved den bidende kolde sø Le Barge.

La nieve caía con fuerza y el viento cortaba como un cuchillo.

Sneen faldt hårdt, og vinden skar som en kniv.

La noche había llegado demasiado rápido y la oscuridad los rodeaba.

Natten kom alt for hurtigt, og mørket omgav dem.

Difícilmente podrían haber elegido un peor lugar para descansar.

De kunne næppe have valgt et værre sted at hvile sig.

Los perros buscaban desesperadamente un lugar donde tumbarse.

Hundene ledte desperat efter et sted at ligge.

Detrás del pequeño grupo se alzaba una alta pared de roca.

En høj klippevæg rejste sig stejlt bag den lille gruppe.

La tienda de campaña había sido abandonada en Dyea para aligerar la carga.

Teltet var blevet efterladt i Dyea for at lette byrden.

No les quedó más remedio que hacer el fuego sobre el propio hielo.

De havde intet andet valg end at lave bålet på selve isen.

Extendieron sus batas para dormir directamente sobre el lago helado.

De bredte deres sovekléder direkte ud på den frosne sø.

Unos cuantos palitos de madera flotante les dieron un poco de fuego.

Et par drivtømmer gav dem lidt ild.

Pero el fuego se construyó sobre el hielo y se descongeló a través de él.

Men ilden blev anlagt på isen og tøede op gennem den.

Al final, estaban comiendo su cena en la oscuridad.

Til sidst spiste de deres aftensmad i mørket.

Buck se acurrucó junto a la roca, protegido del viento frío.

Buck krøllede sig sammen ved siden af klippen, i læ for den kolde vind.

El lugar era tan cálido y seguro que Buck odiaba mudarse.

Stedet var så varmt og trygt, at Buck hadede at flytte væk.

Pero François había calentado el pescado y estaba repartiendo raciones.

Men François havde varmet fisken og var ved at uddele rationer.

Buck terminó de comer rápidamente y regresó a su cama.

Buck spiste hurtigt færdig og gik tilbage til sin seng.

Pero Spitz ahora estaba acostado donde Buck había hecho su cama.

Men Spitz lå nu, hvor Buck havde redt sin seng.

Un gruñido bajo advirtió a Buck que Spitz se negaba a moverse.

En lav knurren advarede Buck om, at Spitz nægtede at røre sig.

Hasta ahora, Buck había evitado esta pelea con Spitz.

Indtil nu havde Buck undgået denne kamp med Spitz.

Pero en lo más profundo de Buck la bestia finalmente se liberó.

Men dybt inde i Buck brød udyret endelig løs.

El robo de su lugar para dormir era algo demasiado difícil de tolerar.

Tyveriet af hans soveplads var for meget at tolerere.

Buck se lanzó hacia Spitz, lleno de ira y rabia.

Buck kastede sig mod Spitz, fuld af vrede og raseri.

Hasta ahora Spitz había pensado que Buck era sólo un perro grande.

Indtil da havde Spitz troet, at Buck bare var en stor hund.

No creía que Buck hubiera sobrevivido a través de su espíritu.

Han troede ikke, at Buck havde overlevet gennem sin ånd.

Esperaba miedo y cobardía, no furia y venganza.

Han forventede frygt og fejhed, ikke raseri og hævn.

François se quedó mirando mientras los dos perros salían del nido en ruinas.

François stirrede, mens begge hunde brasede ud af den ødelagte rede.

Comprendió de inmediato lo que había iniciado la salvaje lucha.

Han forstod straks, hvad der havde startet den vilde kamp.

—¡Ah! —gritó François en apoyo del perro marrón.

"Aa-ah!" råbte François til støtte for den brune hund.

¡Dale una paliza! ¡Por Dios, castiga a ese ladrón astuto!

"Giv ham et tæsk! Ved Gud, straf den luskede tyv!"

Spitz mostró la misma disposición y un entusiasmo salvaje por luchar.

Spitz viste lige så stor parathed og vild iver efter at kæmpe.

Gritó de rabia mientras giraba rápidamente en busca de una abertura.

Han skreg ud i raseri, mens han drejede hurtigt rundt og ledte efter en åbning.

Buck mostró el mismo hambre de luchar y la misma cautela.

Buck viste den samme kamplyst og den samme forsigtighed.

También rodeó a su oponente, intentando obtener la ventaja en la batalla.

Han omringede også sin modstander i et forsøg på at få overtaget i kampen.

Entonces sucedió algo inesperado y lo cambió todo.

Så skete der noget uventet og ændrede alt.

Ese momento retrasó la eventual lucha por el liderazgo.

Det øjeblik forsinkede den endelige kamp om lederskabet.

Muchos kilómetros de camino y lucha aún nos esperaban antes del final.

Mange kilometer sti og kamp ventede stadig før enden.

Perrault gritó un juramento cuando un garrote impactó contra el hueso.

Perrault råbte en ed, mens en kølle slog mod et knogle.

Se escuchó un agudo grito de dolor y luego el caos explotó por todas partes.

Et skarpt smerteskrig fulgte, derefter eksploderede kaos overalt.

En el campamento se movían figuras oscuras: perros esquimales salvajes, hambrientos y feroces.

Mørke skikkelser bevægede sig i lejren; vilde huskyer, sultne og voldsomme.

Cuatro o cinco docenas de perros esquimales habían olfateado el campamento desde lejos.

Fire eller fem dusin huskyer havde snuset til lejren langvejs fra.

Se habían colado sigilosamente mientras los dos perros peleaban cerca.

De havde sneget sig stille ind, mens de to hunde kæmpede i nærheden.

François y Perrault atacaron con garrotes a los invasores.

François og Perrault angreb angriberne og svingede køller.

Los perros esquimales hambrientos mostraron los dientes y contraatacaron frenéticamente.

De sultende huskyer viste tænder og kæmpede tilbage i vanvid.

El olor a carne y a pan les había hecho perder todo miedo.

Duften af kød og brød havde drevet dem over al frygt.

Perrault golpeó a un perro que había enterrado su cabeza en el cajón de comida.

Perrault slog en hund, der havde begravet sit hoved i madkassen.

El golpe fue muy fuerte y la caja se volcó, derramándose comida.

Slaget ramte hårdt, og kassen vendte om, og maden væltede ud.

En cuestión de segundos, una veintena de bestias salvajes destrozaron el pan y la carne.

På få sekunder rev en snese vilde dyr sig ind i brødet og kødet.

Los garrotes de los hombres asestaron golpe tras golpe, pero ningún perro se apartó.

Herreklubberne landede slag efter slag, men ingen hund vendte sig væk.

Aullaron de dolor, pero lucharon hasta que no quedó comida.

De hylede af smerte, men kæmpede, indtil der ikke var mad tilbage.

Mientras tanto, los perros de trineo habían saltado de sus camas nevadas.

I mellemtiden var slædehundene sprunget fra deres snedækkede senge.

Fueron atacados instantáneamente por los feroces y hambrientos huskies.

De blev øjeblikkeligt angrebet af de ondskabsfulde sultne huskyer.

Buck nunca había visto criaturas tan salvajes y hambrientas antes.

Buck havde aldrig set så vilde og sultne skabninger før.

Su piel colgaba suelta, ocultando apenas sus esqueletos.

Deres hud hang løs og skjulte knap nok deres skeletter.

Había un fuego en sus ojos, de hambre y locura.

Der var en ild i deres øjne, af sult og vanvid

No había manera de detenerlos, de resistirse a su ataque salvaje.

Der var ingen måde at stoppe dem på; ingen kunne modstå deres vilde fart.

Los perros de trineo fueron empujados hacia atrás y presionados contra la pared del acantilado.

Slædehundene blev skubbet tilbage, presset mod klippevæggen.

Tres perros esquimales atacaron a Buck a la vez, desgarrando su carne.

Tre huskyer angreb Buck på én gang og rev ham i kødet.

La sangre le brotaba de la cabeza y de los hombros, donde había recibido el corte.

Blod fossede fra hans hoved og skuldre, hvor han var blevet såret.

El ruido llenó el campamento: gruñidos, aullidos y gritos de dolor.

Støjen fyldte lejren; knurren, gylpen og smerteskrig.

Billee gritó fuerte, como siempre, atrapada en la pelea y el pánico.

Billee græd højt, som sædvanlig, fanget i kampen og panikken.

Dave y Solleks estaban uno al lado del otro, sangrando pero desafiantes.

Dave og Solleks stod side om side, blødende men trodsige.

Joe peleó como un demonio, mordiendo todo lo que se acercaba.

Joe kæmpede som en dæmon og bed i alt, der kom i nærheden.

Aplastó la pata de un husky con un brutal chasquido de sus mandíbulas.

Han knuste en huskys ben med et brutalt smæld med kæberne.

Pike saltó sobre el husky herido y le rompió el cuello instantáneamente.

Gedde sprang op på den sårede husky og brækkede dens nakke med det samme.

Buck agarró a un husky por el cuello y le arrancó la vena.

Buck greb fat i halsen på en husky og skar en blodåre gennem den.

La sangre salpicó y el sabor cálido llevó a Buck al frenesí.

Blod sprøjtede, og den varme smag drev Buck ud i et vanvid.

Se abalanzó sobre otro atacante sin dudarlo.

Han kastede sig uden tøven mod en anden angriber.

En ese mismo momento, unos dientes afilados se clavaron en la garganta de Buck.

I samme øjeblik gravede skarpe tænder sig ind i Bucks egen hals.

Spitz había atacado desde un costado, sin previo aviso.

Spitz havde slået til fra siden og angrebet uden varsel.

Perrault y François habían derrotado a los perros robando la comida.

Perrault og François havde besejret hundene, der stjal maden.

Ahora se apresuraron a ayudar a sus perros a luchar contra los atacantes.

Nu skyndte de sig at hjælpe deres hunde med at bekæmpe angriberne.

Los perros hambrientos se retiraron mientras los hombres blandían sus garrotes.

De sultende hunde trak sig tilbage, mens mændene svingede deres køller.

Buck se liberó del ataque, pero el escape fue breve.

Buck slap fri fra angrebet, men flugten var kort.

Los hombres corrieron a salvar a sus perros, y los huskies volvieron a atacarlos.

Mændene løb for at redde deres hunde, og huskyerne sværmede igen.

Billee, aterrorizado y valiente, saltó hacia la jauría de perros.

Billee, skræmt til mod, sprang ind i hundeflokken.

Pero luego huyó a través del hielo, presa del terror y el pánico.

Men så flygtede han over isen i rå skræk og panik.

Pike y Dub los siguieron de cerca, corriendo para salvar sus vidas.

Pike og Dub fulgte tæt efter og løb for livet.

El resto del equipo se separó y se dispersó, siguiéndolos.

Resten af holdet brød sammen og spredtes og fulgte efter dem.

Buck reunió sus fuerzas para correr, pero entonces vio un destello.

Buck samlede kræfter til at løbe, men så et glimt.

Spitz se abalanzó sobre el costado de Buck, intentando derribarlo al suelo.

Spitz sprang frem mod Bucks side og forsøgte at slå ham ned på jorden.

Bajo esa turba de perros esquimales, Buck no habría tenido escapatoria.

Under den flok huskyer ville Buck ikke have haft nogen flugt.

Pero Buck se mantuvo firme y se preparó para el golpe de Spitz.

Men Buck stod fast og forberedte sig på slaget fra Spitz.

Luego se dio la vuelta y salió corriendo al hielo con el equipo que huía.

Så vendte han sig om og løb ud på isen med det flygtende hold.

Más tarde, los nueve perros de trineo se reunieron al abrigo del bosque.

Senere samledes de ni slædehunde i ly af skoven.

Ya nadie los perseguía, pero estaban maltratados y heridos.

Ingen jagtede dem længere, men de blev overfaldet og såret.

Cada perro tenía heridas: cuatro o cinco cortes profundos en cada cuerpo.

Hver hund havde sår; fire eller fem dybe snitsår på hver krop.

Dub tenía una pata trasera herida y ahora le costaba caminar.

Dub havde et skadet bagben og havde svært ved at gå nu.

Dolly, la perrita más nueva de Dyea, tenía la garganta cortada.

Dolly, den nyeste hund fra Dyea, havde en overskåret hals.

Joe había perdido un ojo y la oreja de Billee estaba cortada en pedazos.

Joe havde mistet et øje, og Billees øre var skåret i stykker.

Todos los perros lloraron de dolor y derrota durante toda la noche.

Alle hundene græd af smerte og nederlag natten igennem.

Al amanecer regresaron al campamento doloridos y destrozados.

Ved daggry sneg de sig tilbage til lejren, ømme og sønderknækkede.

Los perros esquimales habían desaparecido, pero el daño ya estaba hecho.

Huskierne var forsvundet, men skaden var sket.

Perrault y François estaban de mal humor ante las ruinas.

Perrault og François stod i dårligt humør over ruinen.

La mitad de la comida había desaparecido, robada por los ladrones hambrientos.

Halvdelen af maden var væk, stjålet af de sultne tyve.

Los perros esquimales habían destrozado las ataduras y la lona del trineo.

Huskierne havde revet sig igennem slædebindinger og kanvas.

Todo lo que tenía olor a comida había sido devorado por completo.

Alt, der lugtede af mad, var blevet fuldstændig fortæret.

Se comieron un par de botas de viaje de piel de alce de Perrault.

De spiste et par af Perraults rejsestøvler af elgskind.

Masticaban correas de cuero y arruinaban las correas hasta dejarlas inservibles.
De tyggede på læderreiser og ødelagde remme, der ikke kunne bruges.
François dejó de mirar el látigo roto para revisar a los perros.
François holdt op med at stirre på den iturevne piskevippe for at tjekke hundene.
—Ah, amigos míos —dijo en voz baja y llena de preocupación.
"Åh, mine venner," sagde han med lav stemme og fyldt med bekymring.
"Tal vez todas estas mordeduras os conviertan en bestias locas."
"Måske vil alle disse bid forvandle jer til vanvittige bæster."
—¡Quizás todos sean perros rabiosos, sacredam! ¿Qué opinas, Perrault?
"Måske alle gale hunde, hellige! Hvad synes du, Perrault?"
Perrault meneó la cabeza; sus ojos estaban oscuros por la preocupación y el miedo.
Perrault rystede på hovedet, øjnene mørke af bekymring og frygt.
Todavía había cuatrocientas millas entre ellos y Dawson.
Fire hundrede mil lå stadig mellem dem og Dawson.
La locura canina ahora podría destruir cualquier posibilidad de supervivencia.
Hundegalskab kan nu ødelægge enhver chance for overlevelse.
Pasaron dos horas maldiciendo y tratando de arreglar el engranaje.
De brugte to timer på at bande og forsøge at reparere udstyret.
El equipo herido finalmente abandonó el campamento, destrozado y derrotado.
Det sårede hold forlod endelig lejren, knækkede og besejrede.
Éste fue el camino más difícil hasta ahora y cada paso era doloroso.
Dette var den sværeste rute til dato, og hvert skridt var smertefuldt.

El río Treinta Millas no se había congelado y su caudal corría con fuerza.

Thirty Mile-floden var ikke frosset til frosset og fosser vildt.

Sólo en los lugares tranquilos y en los remolinos el hielo logró retenerse.

Kun i rolige steder og hvirvlende strømhvirvler formåede isen at holde sig.

Pasaron seis días de duro trabajo hasta recorrer las treinta millas.

Seks dages hårdt arbejde gik, indtil de 48 kilometer var tilbagelagt.

Cada kilómetro del camino traía consigo peligro y amenaza de muerte.

Hver kilometer af ruten bragte fare og trussel om død.

Los hombres y los perros arriesgaban sus vidas con cada doloroso paso.

Mændene og hundene risikerede deres liv med hvert smertefulde skridt.

Perrault rompió delgados puentes de hielo una docena de veces diferentes.

Perrault brød igennem tynde isbroer et dusin forskellige gange.

Llevó un palo y lo dejó caer sobre el agujero que había hecho su cuerpo.

Han bar en stang og lod den falde hen over det hul, hans krop havde lavet.

Más de una vez ese palo salvó a Perrault de ahogarse.

Mere end én gang reddede den stang Perrault fra at drukne.

La ola de frío se mantuvo firme y el aire estaba a cincuenta grados bajo cero.

Kulden holdt fast, luften var halvtreds grader under nul.

Cada vez que se caía, Perrault tenía que encender un fuego para sobrevivir.

Hver gang han faldt i, måtte Perrault tænde et bål for at overleve.

La ropa mojada se congelaba rápidamente, por lo que la secaba cerca del calor abrasador.

Vådt tøj frøs hurtigt, så han tørrede det i nærheden af
brændende hede.

**Ningún miedo afectó jamás a Perrault, y eso lo convirtió en
mensajero.**

Perrault var aldrig bange, og det gjorde ham til kurér.

**Fue elegido para el peligro y lo afrontó con tranquila
resolución.**

Han blev valgt til fare, og han mødte den med stille
beslutsomhed.

Avanzó contra el viento, con el rostro arrugado y congelado.

Han pressede sig frem mod vinden, hans indskrumpede
ansigt forfrosset.

**Desde el amanecer hasta el anochecer, Perrault los condujo
hacia adelante.**

Fra svag daggry til aftenens frembrud førte Perrault dem
videre.

**Caminó sobre un estrecho borde de hielo que se agrietaba
con cada paso.**

Han gik på smal iskant, der revnede for hvert skridt.

**No se atrevieron a detenerse: cada pausa suponía el riesgo de
un colapso mortal.**

De turde ikke stoppe – hver pause risikerede et dødeligt
sammenbrud.

Una vez, el trineo se abrió paso y arrastró a Dave y Buck.

En gang brød slæden igennem og trak Dave og Buck ind.

Cuando los liberaron, ambos estaban casi congelados.

Da de blev trukket fri, var begge næsten forfrosne.

**Los hombres hicieron un fuego rápidamente para mantener
con vida a Buck y Dave.**

Mændene byggede hurtigt et bål for at holde Buck og Dave i
live.

**Los perros estaban cubiertos de hielo desde la nariz hasta la
cola, rígidos como madera tallada.**

Hundene var dækket af is fra snude til hale, stive som
udskåret træ.

**Los hombres los hicieron correr en círculos cerca del fuego
para descongelar sus cuerpos.**

Mændene løb med dem i cirkler nær bålet for at tø deres kroppe op.

Se acercaron tanto a las llamas que su pelaje se quemó.

De kom så tæt på flammerne, at deres pels blev svidet.

Luego Spitz rompió el hielo y arrastró al equipo detrás de él.

Spitz brød derefter gennem isen og slæbte holdet ind efter sig.

La ruptura llegó hasta donde Buck estaba tirando.

Bruddet nåede helt op til der, hvor Buck trak.

Buck se reclinó con fuerza hacia atrás, sus patas resbalaron y temblaron en el borde.

Buck lænede sig hårdt tilbage, poterne gled og dirrede på kanten.

Dave también se esforzó hacia atrás, justo detrás de Buck en la línea.

Dave spændte også bagover, lige bag Buck på linjen.

François tiró del trineo; sus músculos crujían por el esfuerzo.

François trak slæden på, hans muskler revnede af anstrengelse.

En otra ocasión, el borde del hielo se agrietó delante y detrás del trineo.

En anden gang revnede randisen foran og bag slæden.

No tenían otra salida que escalar una pared del acantilado congelado.

De havde ingen udvej undtagen at klatre op ad en frossen klippevæg.

De alguna manera Perrault logró escalar el muro; un milagro lo mantuvo con vida.

Perrault klatrede på en eller anden måde op ad muren; et mirakel holdt ham i live.

François se quedó abajo, rezando por tener la misma suerte.

François blev nedenfor og bad om den samme slags held.

Ataron todas las correas, amarres y tirantes hasta formar una cuerda larga.

De bandt hver rem, surring og skinne sammen til ét langt reb.

Los hombres subieron cada perro, uno a uno, hasta la cima.

Mændene hev hver hund op, en ad gangen, til toppen.

François subió el último, después del trineo y toda la carga.

François klatrede sidst, efter slæden og hele lasten.

Entonces comenzó una larga búsqueda de un camino para bajar de los acantilados.

Så begyndte en lang søgen efter en sti ned fra klipperne.

Finalmente descendieron usando la misma cuerda que habían hecho.

De kom endelig ned ved hjælp af det samme reb, de havde lavet.

La noche cayó cuando regresaron al lecho del río, exhaustos y doloridos.

Natten faldt på, da de vendte tilbage til flodlejet, udmattede og ømme.

El día completo les había proporcionado sólo un cuarto de milla de ganancia.

De havde brugt en hel dag på kun at tilbagelægge en kvart mil.

Cuando llegaron a Hootalinqua, Buck estaba agotado.

Da de nåede Hootalinqua, var Buck udmattet.

Los demás perros sufrieron igual de mal las condiciones del sendero.

De andre hunde led lige så hårdt under forholdene på stien.

Pero Perrault necesitaba recuperar tiempo y los presionaba cada día.

Men Perrault havde brug for at indhente tid og pressede dem på hver dag.

El primer día viajaron treinta millas hasta Big Salmon.

Den første dag rejste de 48 kilometer til Big Salmon.

Al día siguiente viajaron treinta y cinco millas hasta Little Salmon.

Den næste dag rejste de 65 kilometer til Little Salmon.

Al tercer día avanzaron a través de cuarenta largas y heladas millas.

På den tredje dag tilbagelagde de fyrre lange, frosne mil.

Para entonces, se estaban acercando al asentamiento de Five Fingers.

På det tidspunkt nærmede de sig bosættelsen Five Fingers.

Los pies de Buck eran más suaves que los duros pies de los huskies nativos.

Bucks fødder var blødere end de hårde fødder hos indfødte huskies.

Sus patas se habían vuelto tiernas a lo largo de muchas generaciones civilizadas.

Hans poter var blevet møre gennem mange civiliserede generationer.

Hace mucho tiempo, sus antepasados habían sido domesticados por hombres del río o cazadores.

For længe siden var hans forfædre blevet tæmmet af flodmænd eller jægere.

Todos los días Buck cojeaba de dolor, caminando sobre sus patas doloridas y en carne viva.

Hver dag haltede Buck af smerte og gik på rå, ømme poter.

En el campamento, Buck cayó como un cuerpo sin vida sobre la nieve.

I lejren faldt Buck ned som en livløs skikkelse på sneen.

Aunque estaba hambriento, Buck no se levantó a comer su cena.

Selvom Buck var sulten, stod han ikke op for at spise sit aftensmåltid.

François le trajo a Buck su ración, poniendo pescado junto a su hocico.

François bragte Buck sin ration og lagde fisk ved sin snude.

Cada noche, el conductor frotaba los pies de Buck durante media hora.

Hver aften gned chaufføren Bucks fødder i en halv time.

François incluso cortó sus propios mocasines para hacer calzado para perros.

François skar endda sine egne mokkasiner op for at lave hundefodtøj.

Cuatro zapatos cálidos le dieron a Buck un gran y bienvenido alivio.

Fire varme sko gav Buck en stor og velkommen lettelse.

Una mañana, François olvidó los zapatos y Buck se negó a levantarse.

En morgen glemte François skoene, og Buck nægtede at rejse sig.

Buck yacía de espaldas, con los pies en el aire, agitándolos lastimeramente.

Buck lå på ryggen med fødderne i vejret og viftede ynkeligt med dem.

Incluso Perrault sonrió al ver la dramática súplica de Buck.

Selv Perrault smilede ved synet af Bucks dramatiske bøn.

Pronto los pies de Buck se endurecieron y los zapatos pudieron desecharse.

Snart blev Bucks fødder hårde, og skoene kunne smides væk.

En Pelly, durante el periodo de uso del arnés, Dolly emitió un aullido terrible.

Ved Pelly, mens der var tid til at bruge seletøj, udstødte Dolly et frygteligt hyl.

El grito fue largo y lleno de locura, sacudiendo a todos los perros.

Skriget var langt og fyldt med vanvid og rystede hver eneste hund.

Cada perro se erizaba de miedo sin saber el motivo.

Hver hund strittede i skræk uden at kende årsagen.

Dolly se volvió loca y se arrojó directamente hacia Buck.

Dolly var blevet sindssyg og kastede sig direkte mod Buck.

Buck nunca había visto la locura, pero el horror llenó su corazón.

Buck havde aldrig set vanvid, men rædsel fyldte hans hjerte.

Sin pensarlo, se dio la vuelta y huyó presa del pánico absoluto.

Uden at tænke sig om vendte han sig om og flygtede i fuldstændig panik.

Dolly lo persiguió con los ojos desorbitados y la saliva saliendo de sus mandíbulas.

Dolly jagtede ham, hendes øjne var vilde, og spyttet fløi fra hendes kæber.

Ella se mantuvo justo detrás de Buck, sin ganar terreno ni quedarse atrás.

Hun holdt sig lige bag Buck, uden at vinde og uden at falde tilbage.

Buck corrió a través del bosque, bajó por la isla y cruzó el hielo irregular.

Buck løb gennem skoven, ned ad øen, hen over ujævn is.

Cruzó hacia una isla, luego hacia otra, dando la vuelta nuevamente hasta el río.

Han krydsede til en ø, derefter en anden, og gik i ring tilbage til floden.

Aún así Dolly lo persiguió, con su gruñido detrás de cada paso.

Dolly jagtede ham stadig, hendes knurren tæt efter hende ved hvert skridt.

Buck podía oír su respiración y su rabia, aunque no se atrevía a mirar atrás.

Buck kunne høre hendes åndedrag og raseri, selvom han ikke turde se sig tilbage.

François gritó desde lejos y Buck se giró hacia la voz.

råbte François langvejs fra, og Buck vendte sig mod stemmen.

Todavía jadeando en busca de aire, Buck pasó corriendo, poniendo toda su esperanza en François.

Stadig gispede efter vejret løb Buck forbi og satte al sin lid til François.

El conductor del perro levantó un hacha y esperó mientras Buck pasaba volando.

Hundeføreren løftede en økse og ventede, mens Buck fløj forbi.

El hacha cayó rápidamente y golpeó la cabeza de Dolly con una fuerza mortal.

Øksen faldt hurtigt ned og ramte Dollys hoved med dødelig kraft.

Buck se desplomó cerca del trineo, jadeando e incapaz de moverse.

Buck kollapsede nær slæden, hvæsende og ude af stand til at bevæge sig.

Ese momento le dio a Spitz la oportunidad de golpear a un enemigo exhausto.

Det øjeblik gav Spitz chancen for at angribe en udmattet fjende.

Mordió a Buck dos veces, desgarrando la carne hasta el hueso blanco.

To gange bed han Buck og flåede kødet ned til den hvide knogle.

El látigo de François hizo chasquear el látigo y golpeó a Spitz con toda su fuerza y furia.

François' pisk knækkede og ramte Spitz med fuld, voldsom kraft.

Buck observó con alegría cómo Spitz recibía la paliza más dura que había recibido hasta entonces.

Buck så med glæde til, mens Spitz fik sin hidtil hårdeste prygl.

"Es un demonio ese Spitz", murmuró Perrault para sí mismo.

"Han er en djævel, den Spitz," mumlede Perrault dystert for sig selv.

"Algún día, ese maldito perro matará a Buck, lo juro".

"En dag snart vil den forbandede hund dræbe Buck – jeg sværger det."

—Ese Buck tiene dos demonios dentro —respondió François asintiendo.

„Den Buck har to djævle i sig," svarede François med et nik.

"Cuando veo a Buck, sé que algo feroz le aguarda dentro".

"Når jeg ser Buck, ved jeg, at noget voldsomt venter i ham."

"Un día se pondrá furioso y destrozará a Spitz".

"En dag bliver han rasende som ild og river Spitz i stykker."

"Masticará a ese perro y lo escupirá en la nieve congelada".

"Han vil tygge den hund i stykker og spytte ham ud i den frosne sne."

"Estoy seguro de que lo sé en lo más profundo de mi ser".

"Ja, det ved jeg jo inderst inde."

A partir de ese momento los dos perros quedaron en guerra.

Fra det øjeblik var de to hunde låst i en krig.

Spitz lideró al equipo y mantuvo el poder, pero Buck lo desafió.

Spitz førte holdet og havde magten, men Buck udfordrede det.

Spitz vio su rango amenazado por este extraño extraño de Southland.

Spitz så sin rang truet af denne mærkelige fremmede fra Sydlandet.

Buck no se parecía a ningún otro perro sureño que Spitz hubiera conocido antes.

Buck var ulig nogen anden sydstatshund, som Spitz havde kendt før.

La mayoría de ellos fracasaron: eran demasiado débiles para sobrevivir al frío y al hambre.

De fleste af dem fejlede – for svage til at overleve kulde og sult.

Murieron rápidamente bajo el trabajo, las heladas y el lento ardor del hambre.

De døde hurtigt under arbejde, frost og hungersnødens langsomme sved.

Buck se destacó: cada día más fuerte, más inteligente y más salvaje.

Buck skilte sig ud – stærkere, klogere og mere vild for hver dag.

Prosperó a pesar de las dificultades y creció hasta alcanzar el nivel de los perros esquimales del norte.

Han trivedes med modgang og voksede op til at matche de nordlige huskies.

Buck tenía fuerza, habilidad salvaje y un instinto paciente y mortal.

Buck havde styrke, vild kunnen og et tålmodigt, dødbringende instinkt.

El hombre con el garrote había golpeado la temeridad de Buck.

Manden med køllen havde banket ubesindigheden ud af Buck.

La furia ciega desapareció y fue reemplazada por una astucia silenciosa y control.

Blind raseri var væk, erstattet af stille list og kontrol.

Esperó, tranquilo y primario, observando el momento adecuado.

Han ventede, rolig og primal, og spejdede efter det rette øjeblik.

Su lucha por el mando se hizo inevitable y clara.

Deres kamp om kommandoen blev uundgåelig og klar.

Buck deseaba el liderazgo porque su espíritu lo exigía.

Buck ønskede lederskab, fordi hans ånd krævede det.

Lo impulsaba el extraño orgullo nacido del camino y del arnés.

Han var drevet af den mærkelige stolthed født af sti og seletøj.

Ese orgullo hizo que los perros tiraran hasta caer sobre la nieve.

Den stolthed fik hunde til at trække, indtil de kollapsede i sneen.

El orgullo los llevó a dar toda la fuerza que tenían.

Stolthed lokkede dem til at give al den styrke, de havde.

El orgullo puede atraer a un perro de trineo incluso hasta el punto de la muerte.

Stolthed kan lokke en slædehund helt til døden.

La pérdida del arnés dejó a los perros rotos y sin propósito.

At miste selen efterlod hundene ødelagte og uden formål.

El corazón de un perro de trineo puede quedar aplastado por la vergüenza cuando se retira.

En slædehunds hjerte kan knuses af skam, når den går på pension.

Dave vivió con ese orgullo mientras arrastraba el trineo desde atrás.

Dave levede af den stolthed, mens han slæbte slæden bagfra.

Solleks también lo dio todo con fuerza y lealtad.

Solleks gav også alt, hvad han havde, med barsk styrke og loyalitet.

Cada mañana, el orgullo los transformaba de amargados a decididos.

Hver morgen forvandlede stoltheden dem fra bitre til beslutsomme.

Empujaron todo el día y luego se quedaron en silencio al final del campamento.

De kæmpede hele dagen, og så blev de tavse for enden af lejren.

Ese orgullo le dio a Spitz la fuerza para poner a raya a los evasores.

Den stolthed gav Spitz styrken til at komme i forkøbet af sherkers.

Spitz temía a Buck porque Buck tenía ese mismo orgullo profundo.

Spitz frygtede Buck, fordi Buck bar den samme dybe stolthed.

El orgullo de Buck ahora se agitó contra Spitz, y no se detuvo.

Bucks stolthed vakte nu mod Spitz, og han stoppede ikke.

Buck desafió el poder de Spitz y le impidió castigar a los perros.

Buck trodsede Spitz' magt og forhindrede ham i at straffe hunde.

Cuando otros fallaron, Buck se interpuso entre ellos y su líder.

Da andre fejlede, trådte Buck mellem dem og deres leder.

Lo hizo con intención, dejando claro y abierto su desafío.

Han gjorde dette med vilje og gjorde sin udfordring åben og klar.

Una noche, una fuerte nevada cubrió el mundo con un profundo silencio.

En nat indhyllede tung sne verden i dyb stilhed.

A la mañana siguiente, Pike, perezoso como siempre, no se levantó para ir a trabajar.

Næste morgen stod Pike, doven som altid, ikke op for at gå på arbejde.

Se quedó escondido en su nido bajo una gruesa capa de nieve.

Han holdt sig skjult i sin rede under et tykt lag sne.

François gritó y buscó, pero no pudo encontrar al perro.

François råbte og ledte, men kunne ikke finde hunden.

Spitz se puso furioso y atravesó furioso el campamento cubierto de nieve.

Spitz blev rasende og stormede gennem den snedækkede lejr.

Gruñó y olfateó, cavando frenéticamente con ojos llameantes.

Han knurrede og snøftede, mens han gravede vanvittigt med flammende øjne.

Su rabia era tan feroz que Pike tembló de miedo bajo la nieve.

Hans raseri var så voldsomt, at Pike rystede under sneen af frygt.

Cuando finalmente encontraron a Pike, Spitz se abalanzó sobre él para castigar al perro que estaba escondido.

Da Pike endelig blev fundet, sprang Spitz frem for at straffe den gemte hund.

Pero Buck saltó entre ellos con una furia igual a la de Spitz.

Men Buck sprang imellem dem med en raseri lig med Spitz' egen.

El ataque fue tan repentino e inteligente que Spitz cayó al suelo.

Angrebet var så pludseligt og snedigt, at Spitz faldt omkuld.

Pike, que estaba temblando, se animó ante este desafío.

Pike, der havde rystet, fandt mod i denne trodsighed.

Saltó sobre el Spitz caído, siguiendo el audaz ejemplo de Buck.

Han sprang op på den faldne Spitz og fulgte Bucks dristige eksempel.

Buck, que ya no estaba obligado por la justicia, se unió a la huelga de Spitz.

Buck, ikke længere bundet af retfærdighed, sluttede sig til strejken på Spitz.

François, divertido pero firme en su disciplina, blandió su pesado látigo.

François, underholdt men fast i disciplinen, svingede sin tunge piskeslag.

Golpeó a Buck con todas sus fuerzas para acabar con la pelea.

Han slog Buck med al sin kraft for at afbryde kampen.

Buck se negó a moverse y se quedó encima del líder caído.

Buck nægtede at bevæge sig og blev oven på den faldne leder.

François entonces utilizó el mango del látigo y golpeó con fuerza a Buck.

François brugte derefter piskens håndtag og ramte Buck hårdt.

Tambaleándose por el golpe, Buck cayó hacia atrás bajo el asalto.

Buck, der vaklede af slaget, faldt bagover under angrebet.

François golpeó una y otra vez mientras Spitz castigaba a Pike.

François slog til igen og igen, mens Spitz straffede Pike.

Pasaron los días y Dawson City estaba cada vez más cerca.

Dagene gik, og Dawson City kom nærmere og nærmere.

Buck seguía interfiriendo, interponiéndose entre Spitz y otros perros.

Buck blev ved med at blande sig og gled ind mellem Spitz og de andre hunde.

Elegía bien sus momentos, esperando siempre que François se marchase.

Han valgte sine øjeblikke med omhu og ventede altid på, at François skulle gå.

La rebelión silenciosa de Buck se extendió y el desorden se arraigó en el equipo.

Bucks stille oprør spredte sig, og uorden slog rod i holdet.

Dave y Solleks se mantuvieron leales, pero otros se volvieron rebeldes.

Dave og Solleks forblev loyale, men andre blev uregerlige.

El equipo empeoró: se volvió inquieto, pendenciero y fuera de lugar.

Holdet blev værre – rastløst, stridbart og ude af trit.

Ya nada funcionaba con fluidez y las peleas se volvieron algo habitual.

Intet fungerede længere problemfrit, og slagsmål blev almindelige.

Buck permaneció en el corazón del problema, provocando siempre malestar.

Buck forblev i hjertet af urolighederne og fremprovokerede altid uro.

François se mantuvo alerta, temeroso de la pelea entre Buck y Spitz.

François forblev årvågen, bange for kampen mellem Buck og Spitz.

Cada noche, las peleas lo despertaban, temiendo que finalmente llegara el comienzo.

Hver nat vækkede han ham af skænderier, af frygt for at begyndelsen endelig var kommet.

Saltó de su túnica, dispuesto a detener la pelea.

Han sprang af sin kåbe, klar til at afbryde kampen.

Pero el momento nunca llegó y finalmente llegaron a Dawson.

Men øjeblikket kom aldrig, og de nåede endelig frem til Dawson.

El equipo entró en la ciudad una tarde sombría, tensa y silenciosa.

Holdet kom ind i byen en trist eftermiddag, anspændte og stille.

La gran batalla por el liderazgo todavía estaba suspendida en el aire.

Den store kamp om lederskab hang stadig i den frosne luft.

Dawson estaba lleno de hombres y perros de trineo, todos ocupados con el trabajo.

Dawson var fuld af mænd og slædehunde, alle travlt optaget af arbejde.

Buck observó a los perros tirar cargas desde la mañana hasta la noche.

Buck så hundene trække læs fra morgen til aften.

Transportaban troncos y leña y transportaban suministros a las minas.

De slæbte træstammer og brænde og fragtede forsyninger til minerne.

Donde antes trabajaban los caballos en las tierras del sur, ahora trabajaban los perros.

Hvor heste engang arbejdede i Sydlandet, arbejdede hunde nu.

Buck vio algunos perros del sur, pero la mayoría eran huskies parecidos a lobos.

Buck så nogle hunde fra syd, men de fleste var ulvelignende huskyer.

Por la noche, como un reloj, los perros alzaban sus voces cantando.

Om natten, som et urværk, hævede hundene deres stemmer i sang.

A las nueve, a las doce y de nuevo a las tres, empezó el canto.

Klokken ni, ved midnat og igen klokken tre begyndte sangen.

A Buck le encantaba unirse a su canto misterioso, de sonido salvaje y antiguo.

Buck elskede at være med i deres uhyggelige sang, vild og ældgammel i lyd.

La aurora llameó, las estrellas bailaron y la nieve cubrió la tierra.

Nordlyset flammede, stjernerne dansede, og sne dækkede landet.

El canto de los perros se elevó como un grito contra el silencio y el frío intenso.

Hundenes sang rejste sig som et råb mod stilheden og den bidende kulde.

Pero su aullido contenía tristeza, no desafío, en cada larga nota.

Men deres hylen indeholdt sorg, ikke trodsighed, i hver lange tone.

Cada grito lamentable estaba lleno de súplica: el peso de la vida misma.

Hvert klageskrig var fuld af bønfaldelser; selve livets byrde.

Esa canción era vieja, más vieja que las ciudades y más vieja que los incendios.

Den sang var gammel – ældre end byer og ældre end brande

Aquella canción era más antigua incluso que las voces de los hombres.

Den sang var endda ældre end menneskers stemmer.

Era una canción del mundo joven, cuando todas las canciones eran tristes.

Det var en sang fra den unge verden, dengang alle sange var triste.

La canción transportaba el dolor de incontables generaciones de perros.

Sangen bar sorg fra utallige generationer af hunde.

Buck sintió la melodía profundamente, gimiendo por un dolor arraigado en los siglos.

Buck følte melodien dybt, stønnende af smerte rodfæstet i tidernes morgen.

Sollozaba por un dolor tan antiguo como la sangre salvaje en sus venas.

Han hulkede af en sorg lige så gammel som det vilde blod i hans årer.

El frío, la oscuridad y el misterio tocaron el alma de Buck.

Kulden, mørket og mystikken rørte Bucks sjæl.

Esa canción demostró hasta qué punto Buck había regresado a sus orígenes.

Den sang beviste, hvor langt Buck var vendt tilbage til sine oprindelser.

Entre la nieve y los aullidos había encontrado el comienzo de su propia vida.

Gennem sne og hylende lyde havde han fundet starten på sit eget liv.

Siete días después de llegar a Dawson, partieron nuevamente.

Syv dage efter ankomsten til Dawson rejste de afsted igen.

El equipo descendió del cuartel hasta el sendero Yukon.

Holdet faldt fra kasernen ned til Yukon Trail.

Comenzaron el viaje de regreso hacia Dyea y Salt Water.

De begyndte rejsen tilbage mod Dyea og Salt Water.

Perrault llevaba despachos aún más urgentes que antes.

Perrault bragte endnu mere presserende depecher end før.

También se sintió dominado por el orgullo por el sendero y se propuso establecer un récord.

Han blev også grebet af stolthed over stien og stræbte efter at sætte rekord.

Esta vez, varias ventajas estaban del lado de Perrault.

Denne gang var der flere fordele på Perraults side.

Los perros habían descansado durante una semana entera y recuperaron su fuerza.

Hundene havde hvilet sig i en hel uge og genvundet deres kræfter.

El camino que ellos habían abierto ahora estaba compactado por otros.

Det spor, de havde brød, var nu hårdt pakket af andre.

En algunos lugares, la policía había almacenado comida tanto para perros como para hombres.

Nogle steder havde politiet opbevaret mad til både hunde og mænd.

Perrault viajaba ligero, moviéndose rápido y con poco que lo pesara.

Perrault rejste let, bevægede sig hurtigt og havde kun lidt til at tynge ham ned.

Llegaron a Sixty-Mile, un recorrido de cincuenta millas, en la primera noche.

De nåede Sixty-Mile, en løbetur på 80 kilometer, allerede den første nat.

El segundo día, se apresuraron a subir por el Yukón hacia Pelly.

På den anden dag stormede de op ad Yukon-floden mod Pelly.

Pero estos grandes avances implicaron un gran esfuerzo para François.

Men sådanne fine fremskridt medførte stor belastning for François.

La rebelión silenciosa de Buck había destrozado la disciplina del equipo.

Bucks stille oprør havde knust holdets disciplin.

Ya no tiraban juntos como una sola bestia bajo las riendas.

De trak ikke længere sammen som ét dyr i tøjlerne.

Buck había llevado a otros al desafío mediante su valiente ejemplo.

Buck havde ført andre til trods gennem sit modige eksempel.

La orden de Spitz ya no fue recibida con miedo ni respeto.

Spitz' befaling blev ikke længere mødt med frygt eller respekt.

Los demás perdieron el respeto que le tenían y se atrevieron a resistirse a su gobierno.

De andre mistede deres ærefrygt for ham og turde modsætte sig hans styre.

Una noche, Pike robó medio pescado y se lo comió bajo la mirada de Buck.

En nat stjal Pike en halv fisk og spiste den lige foran Bucks øjne.

Otra noche, Dub y Joe pelearon contra Spitz y quedaron impunes.

En anden nat kæmpede Dub og Joe mod Spitz og slap ustraffet.

Incluso Billee se quejó con menos dulzura y mostró una nueva agudeza.

Selv Billee klynkede mindre sødt og viste ny skarphed.

Buck le gruñó a Spitz cada vez que se cruzaban.

Buck knurrede ad Spitz, hver gang de krydsede veje.

La actitud de Buck se volvió audaz y amenazante, casi como la de un matón.

Bucks attitude blev dristig og truende, næsten som en bølle.

Caminó delante de Spitz con arrogancia, lleno de amenaza burlona.

Han gik frem og tilbage foran Spitz med en Pral, fuld af hånlig trussel.

Ese colapso del orden se extendió también entre los perros de trineo.

Det sammenbrud af orden spredte sig også blandt slædehundene.

Pelearon y discutieron más que nunca, llenando el campamento de ruido.

De skændtes og skændtes mere end nogensinde før og fyldte lejren med støj.

La vida en el campamento se convertía cada noche en un caos salvaje y aullante.

Lejrlivet forvandlede sig til et vildt, hylende kaos hver nat.

Sólo Dave y Solleks permanecieron firmes y concentrados.
Kun Dave og Solleks forblev stabile og fokuserede.

Pero incluso ellos se enojaron por las peleas constantes.
Men selv de blev kort lunte af de konstante slagsmål.

François maldijo en lenguas extrañas y pisoteó con frustración.
François bandede på fremmede sprog og trampede i frustration.

Se tiró del pelo y gritó mientras la nieve volaba bajo sus pies.
Han rev sig i håret og råbte, mens sneen fløj under fødderne.

Su látigo azotó a la manada, pero apenas logró mantenerlos bajo control.
Hans pisk knækkede hen over flokken, men holdt dem lige akkurat på linje.

Cada vez que él le daba la espalda, la lucha estallaba de nuevo.
Hver gang han vendte ryggen til, brød kampene ud igen.

François utilizó el látigo para azotar a Spitz, mientras Buck lideraba a los rebeldes.
François brugte piskeslaget til Spitz, mens Buck førte an i oprørerne.

Cada uno conocía el papel del otro, pero Buck evitó cualquier culpa.
Begge kendte den andens rolle, men Buck undgik enhver bebrejdelse.

François nunca sorprendió a Buck iniciando una pelea o eludiendo su trabajo.
François opdagede aldrig Buck i at starte et slagsmål eller unddrage sig sit arbejde.

Buck trabajó duro con el arnés; el trabajo ahora emocionaba su espíritu.
Buck arbejdede hårdt i seletøj – sliddet opildnede nu hans humør.

Pero encontró aún más alegría al provocar peleas y caos en el campamento.

Men han fandt endnu mere glæde i at opildne til slagsmål og kaos i lejren.

Una noche, en la desembocadura del Tahkeena, Dub asustó a un conejo.
En aften ved Tahkeenas mund forskrækkede Dub en kanin.

Falló el tiro y el conejo con raquetas de nieve saltó lejos.
Han missede fangsten, og sneskokaninen sprang væk.

En cuestión de segundos, todo el equipo de trineo los persiguió con gritos salvajes.
På få sekunder satte hele slædeholdet efter dem under vilde skrig.

Cerca de allí, un campamento de la Policía del Noroeste albergaba cincuenta perros husky.
I nærheden husede en politilejr for det nordvestlige politi halvtreds huskyhunde.

Se unieron a la caza y navegaron juntos por el río helado.
De sluttede sig til jagten og strømmede sammen ned ad den frosne flod.

El conejo se desvió del río y huyó hacia el lecho congelado del arroyo.
Kaninen drejede væk fra floden og flygtede op ad et frossent bækleje.

El conejo saltaba suavemente sobre la nieve mientras los perros se abrían paso con dificultad.
Kaninen hoppede let hen over sneen, mens hundene kæmpede sig igennem.

Buck lideró la enorme manada de sesenta perros en cada curva.
Buck førte den enorme flok på tres hunde rundt om hvert snoede sving.

Avanzó lentamente y con entusiasmo, pero no pudo ganar terreno.
Han skubbede sig fremad, lavt og ivrigt, men kunne ikke vinde terræn.

Su cuerpo brillaba bajo la pálida luna con cada poderoso salto.

Hans krop glimtede under den blege måne ved hvert kraftfulde spring.

Más adelante, el conejo se movía como un fantasma, silencioso y demasiado rápido para atraparlo.

Foran bevægede kaninen sig som et spøgelse, tavs og for hurtig til at indhente.

Todos esos viejos instintos —el hambre, la emoción— se apoderaron de Buck.

Alle de gamle instinkter – sulten, spændingen – strømmede gennem Buck.

Los humanos a veces sienten este instinto y se ven impulsados a cazar con armas de fuego y balas.

Mennesker føler dette instinkt til tider, drevet til at jage med gevær og kugle.

Pero Buck sintió este sentimiento a un nivel más profundo y personal.

Men Buck følte denne følelse på et dybere og mere personligt plan.

No podían sentir lo salvaje en su sangre como Buck podía sentirlo.

De kunne ikke føle vildskaben i deres blod, sådan som Buck kunne.

Persiguió carne viva, dispuesto a matar con los dientes y saborear la sangre.

Han jagtede levende kød, klar til at dræbe med tænderne og smage blod.

Su cuerpo se tensó de alegría, queriendo bañarse en la cálida vida roja.

Hans krop anstrengte sig af glæde og ville bade i varmt, rødt liv.

Una extraña alegría marca el punto más alto que la vida puede alcanzar.

En mærkelig glæde markerer det højeste punkt, livet nogensinde kan nå.

La sensación de una cima donde los vivos olvidan que están vivos.

Følelsen af et højdepunkt, hvor de levende glemmer, at de overhovedet er i live.

Esta alegría profunda conmueve al artista perdido en una inspiración ardiente.

Denne dybe glæde rører kunstneren, der er fortabt i en flammende inspiration.

Esta alegría se apodera del soldado que lucha salvajemente y no perdona a ningún enemigo.

Denne glæde griber soldaten, der kæmper vildt og ikke skåner nogen fjende.

Esta alegría ahora se apoderó de Buck mientras lideraba la manada con hambre primaria.

Denne glæde krævede nu Buck, da han førte an i flokken i ursult.

Aulló con el antiguo grito del lobo, emocionado por la persecución en vida.

Han hylede med det ældgamle ulveskrig, begejstret af den levende jagt.

Buck recurrió a la parte más antigua de sí mismo, perdida en la naturaleza.

Buck tappede ind i den ældste del af sig selv, fortabt i naturen.

Llegó a lo más profundo, más allá de la memoria, al tiempo crudo y antiguo.

Han nåede dybt ind i sin indre, ind i tidligere erindring, ind i den rå, ældgamle tid.

Una ola de vida pura recorrió cada músculo y tendón.

En bølge af rent liv strømmede gennem hver en muskel og sene.

Cada salto gritaba que vivía, que avanzaba a través de la muerte.

Hvert spring råbte, at han levede, at han bevægede sig gennem døden.

Su cuerpo se elevaba alegremente sobre una tierra quieta y fría que nunca se movía.

Hans krop svævede glædesfyldt over det stille, kolde land, der aldrig rørte sig.

Spitz se mantuvo frío y astuto, incluso en sus momentos más salvajes.

Spitz forblev kold og snedig, selv i sine vildeste øjeblikke.

Dejó el sendero y cruzó el terreno donde el arroyo se curvaba ampliamente.

Han forlod stien og krydsede land, hvor bækken snoede sig bredt.

Buck, sin darse cuenta de esto, permaneció en el sinuoso camino del conejo.

Buck, uvidende om dette, blev på kaninens snoede sti.

Entonces, cuando Buck dobló una curva, el conejo fantasmal estaba frente a él.

Så, da Buck rundede et sving, var den spøgelseslignende kanin foran ham.

Vio una segunda figura saltar desde la orilla delante de la presa.

Han så en anden skikkelse springe fra bredden foran byttet.

La figura era Spitz, aterrizando justo en el camino del conejo que huía.

Skikkelsen var Spitz, der landede lige i den flygtende kanins vej.

El conejo no pudo girar y se encontró con las fauces de Spitz en el aire.

Kaninen kunne ikke vende sig og mødte Spitz' kæber i luften.

La columna vertebral del conejo se rompió con un chillido tan agudo como el grito de un humano moribundo.

Kaninens rygrad brækkede med et skrig så skarpt som et døende menneskes skrig.

Ante ese sonido, la caída de la vida a la muerte, la manada aulló fuerte.

Ved den lyd – faldet fra liv til død – hylede flokken højt.

Un coro salvaje se elevó detrás de Buck, lleno de oscuro deleite.

Et vildt kor rejste sig bag Buck, fuldt af mørk fryd.

Buck no emitió ningún grito ni sonido y se lanzó directamente hacia Spitz.

Buck skreg ikke, ingen lyd, og stormede direkte ind i Spitz.

Apuntó a la garganta, pero en lugar de eso golpeó el hombro.

Han sigtede efter halsen, men ramte i stedet skulderen.

Cayeron sobre la nieve blanda; sus cuerpos trabados en combate.

De tumlede gennem blød sne; deres kroppe var låst fast i kamp.

Spitz se levantó rápidamente, como si nunca lo hubieran derribado.

Spitz sprang hurtigt op, som om han aldrig var blevet slået ned.

Cortó el hombro de Buck y luego saltó para alejarse de la pelea.

Han skar Buck i skulderen og sprang derefter væk fra kampen.

Sus dientes chasquearon dos veces como trampas de acero y sus labios se curvaron y fueron feroces.

To gange knækkede hans tænder som stålfælder, læberne var krøllede og vilde.

Retrocedió lentamente, buscando terreno firme bajo sus pies.

Han bakkede langsomt væk og søgte fast grund under fødderne.

Buck comprendió el momento instantánea y completamente.

Buck forstod øjeblikket øjeblikkeligt og fuldt ud.

Había llegado el momento; la lucha iba a ser una lucha a muerte.

Tiden var kommet; kampen ville blive en kamp til døden.

Los dos perros daban vueltas, gruñendo, con las orejas planas y los ojos entrecerrados.

De to hunde gik i ring, knurrede med flade ører og sammenknyttede øjne.

Cada perro esperaba que el otro mostrara debilidad o un paso en falso.

Hver hund ventede på, at den anden skulle vise svaghed eller fejltrin.

Para Buck, la escena era inquietantemente conocida y recordada profundamente.

For Buck føltes scenen uhyggeligt kendt og dybt husket.

El bosque blanco, la tierra fría, la batalla bajo la luz de la luna.

De hvide skove, den kolde jord, kampen under måneskin.

Un pesado silencio llenó la tierra, profundo y antinatural.

En tung stilhed fyldte landet, dyb og unaturlig.

Ningún viento se agitó, ninguna hoja se movió, ningún sonido rompió la quietud.

Ingen vind rørte sig, intet blad bevægede sig, ingen lyd brød stilheden.

El aliento de los perros se elevaba como humo en el aire helado y silencioso.

Hundenes åndedrag steg som røg i den frosne, stille luft.

El conejo fue olvidado hace mucho tiempo por la manada de bestias salvajes.

Kaninen var for længst glemt af flokken af vilde dyr.

Estos lobos medio domesticados ahora permanecían quietos formando un amplio círculo.

Disse halvtæmmede ulve stod nu stille i en vid cirkel.

Estaban en silencio, sólo sus ojos brillantes revelaban su hambre.

De var stille, kun deres glødende øjne afslørede deres sult.

Su respiración se elevó mientras observaban cómo comenzaba la pelea final.

Deres åndedræt drev opad, mens de så den sidste kamp begynde.

Para Buck, esta batalla era vieja y esperada, nada extraña.

For Buck var dette slag gammelt og forventet, slet ikke mærkeligt.

Parecía el recuerdo de algo que siempre estuvo destinado a suceder.

Det føltes som et minde om noget, der altid har været meningen, at skulle ske.

Spitz era un perro de pelea entrenado, perfeccionado por innumerables peleas salvajes.

Spitz var en trænet kamphund, finpudset af utallige vilde slagsmål.

Desde Spitzbergen hasta Canadá, había vencido a muchos enemigos.

Fra Spitsbergen til Canada havde han besejret mange fjender.

Estaba lleno de furia, pero nunca dejó controlar la rabia.

Han var fyldt med raseri, men gav aldrig kontrollen over raseriet.

Su pasión era aguda, pero siempre templada por un duro instinto.

Hans lidenskab var skarp, men altid dæmpet af et hårdt instinkt.

Nunca atacó hasta que su propia defensa estuvo en su lugar.

Han angreb aldrig, før hans eget forsvar var på plads.

Buck intentó una y otra vez alcanzar el vulnerable cuello de Spitz.

Buck forsøgte igen og igen at nå Spitz' sårbare hals.

Pero cada golpe era correspondido con un corte de los afilados dientes de Spitz.

Men hvert slag blev mødt af et hug fra Spitz' skarpe tænder.

Sus colmillos chocaron y ambos perros sangraron por los labios desgarrados.

Deres hugtænder stødte sammen, og begge hunde blødte fra flængede læber.

No importaba cuánto se lanzara Buck, no podía romper la defensa.

Uanset hvor meget Buck kastede sig frem, kunne han ikke bryde forsvaret.

Se puso más furioso y se abalanzó con salvajes ráfagas de poder.

Han blev mere og mere rasende og stormede ind med vilde magtanfald.

Una y otra vez, Buck atacó la garganta blanca de Spitz.

Igen og igen slog Buck efter Spitz' hvide strube.

Cada vez que Spitz esquivaba el ataque, contraatacaba con un mordisco cortante.

Hver gang undveg Spitz og slog igen med et skivende bid.

Entonces Buck cambió de táctica y se abalanzó nuevamente hacia la garganta.

Så ændrede Buck taktik og skyndte sig igen, som om han ville have struben.

Pero él retrocedió a mitad del ataque y se giró para atacar desde un costado.

Men han trak sig tilbage midt i angrebet og vendte sig mod siden.

Le lanzó el hombro a Spitz con la intención de derribarlo.

Han kastede sin skulder ind i Spitz i den hensigt at slå ham ned.

Cada vez que lo intentaba, Spitz lo esquivaba y contraatacaba con un corte.

Hver gang han forsøgte, undveg Spitz og svarede igen med et hug.

El hombro de Buck se enrojeció cuando Spitz saltó después de cada golpe.

Bucks skulder blev ømme, da Spitz sprang fri efter hvert slag.

Spitz no había sido tocado, mientras que Buck sangraba por muchas heridas.

Spitz var ikke blevet rørt, mens Buck blødte fra mange sår.

La respiración de Buck era rápida y pesada y su cuerpo estaba cubierto de sangre.

Bucks åndedrag kom hurtigt og tungt, hans krop glat af blod.

La pelea se volvió más brutal con cada mordisco y embestida.

Kampen blev mere brutal med hvert bid og angreb.

A su alrededor, sesenta perros silenciosos esperaban que cayera el primero.

Omkring dem ventede tres tavse hunde på, at de første skulle falde.

Si un perro caía, la manada terminaría la pelea.

Hvis én hund faldt, ville flokken afslutte kampen.

Spitz vio que Buck se estaba debilitando y comenzó a presionar para atacar.

Spitz så Buck blive svagere og begyndte at presse på for angrebet.

Mantuvo a Buck fuera de equilibrio, obligándolo a luchar para mantener el equilibrio.

Han holdt Buck ude af balance og tvang ham til at kæmpe for fodfæste.

Una vez Buck tropezó y cayó, y todos los perros se levantaron.

Engang snublede Buck og faldt, og alle hundene rejste sig.

Pero Buck se enderezó a mitad de la caída y todos volvieron a caer.

Men Buck rettede sig op midt i faldet, og alle sank ned igen.

Buck tenía algo poco común: una imaginación nacida de un instinto profundo.

Buck havde noget sjældent – fantasi født af dyb instinkt.

Peleó con impulso natural, pero también peleó con astucia.

Han kæmpede af naturlig drift, men han kæmpede også med list.

Cargó de nuevo como si repitiera su truco de ataque con el hombro.

Han angreb igen, som om han gentog sit skulderangrebstrick.

Pero en el último segundo, se agachó y pasó por debajo de Spitz.

Men i sidste sekund faldt han lavt og fejede ind under Spitz.

Sus dientes se clavaron en la pata delantera izquierda de Spitz con un chasquido.

Hans tænder låste sig fast på Spitz' forreste venstre ben med et smæld.

Spitz ahora estaba inestable, con su peso sobre sólo tres patas.

Spitz stod nu ustabel, hans vægt på kun tre ben.

Buck atacó de nuevo e intentó derribarlo tres veces.

Buck slog til igen og forsøgte tre gange at få ham ned.

En el cuarto intento utilizó el mismo movimiento con éxito.

I fjerde forsøg brugte han den samme bevægelse med succes

Esta vez Buck logró morder la pata derecha de Spitz.

Denne gang lykkedes det Buck at bide Spitz i højre ben.

Spitz, aunque lisiado y en agonía, siguió luchando por sobrevivir.

Spitz, selvom han var forkrøblet og i smerte, kæmpede fortsat for at overleve.

Vio que el círculo de huskies se estrechaba, con las lenguas afuera y los ojos brillantes.

Han så kredsen af huskyer stramme sig sammen, med tungerne ude og øjnene glødende.

Esperaron para devorarlo, tal como habían hecho con los otros.

De ventede på at fortære ham, ligesom de havde gjort mod andre.

Esta vez, él estaba en el centro; derrotado y condenado.

Denne gang stod han i midten; besejret og dømt.

Ya no había opción de escapar para el perro blanco.

Der var ingen mulighed for at flygte for den hvide hund nu.

Buck no mostró piedad, porque la piedad no pertenecía a la naturaleza.

Buck viste ingen nåde, for nåde hørte ikke hjemme i naturen.

Buck se movió con cuidado, preparándose para la carga final.

Buck bevægede sig forsigtigt og gjorde sig klar til det sidste angreb.

El círculo de perros esquimales se cerró; sintió sus respiraciones cálidas.

Cirklen af huskyer lukkede sig om ham; han mærkede deres varme åndedræt.

Se agacharon, preparados para saltar cuando llegara el momento.

De krøb sammen, klar til at springe, når øjeblikket kom.

Spitz temblaba en la nieve, gruñendo y cambiando su postura.

Spitz dirrede i sneen, knurrede og skiftede stilling.

Sus ojos brillaban, sus labios se curvaron y sus dientes brillaron en una amenaza desesperada.

Hans øjne stirrede, læberne krøllede sig sammen, tænderne glimtede i desperat trussel.

Se tambaleó, todavía intentando contener el frío mordisco de la muerte.

Han vaklede, stadig forsøgende at holde dødens kolde bid tilbage.

Ya había visto esto antes, pero siempre desde el lado ganador.

Han havde set dette før, men altid fra den vindende side.

Ahora estaba en el bando perdedor; el derrotado; la presa; la muerte.

Nu var han på den tabende side; den besejrede; byttet; døden.

Buck voló en círculos para asestar el golpe final, mientras el círculo de perros se acercaba cada vez más.

Buck gik i kredse for at give det sidste slag, hundekredsen pressede sig tættere på.

Podía sentir sus respiraciones calientes; listas para matar.

Han kunne mærke deres varme åndedræt; klar til at blive dræbt.

Se hizo un silencio absoluto, todo estaba en su lugar, el tiempo se había detenido.

Der faldt stilhed; alt var på sin plads; tiden var gået i stå.

Incluso el aire frío entre ellos se congeló por un último momento.

Selv den kolde luft mellem dem frøs til et sidste øjeblik.

Sólo Spitz se movió, intentando contener su amargo final.

Kun Spitz bevægede sig og forsøgte at holde sin bitre ende tilbage.

El círculo de perros se iba cerrando a su alrededor, tal como era su destino.

Hundekredsen lukkede sig om ham, ligesom hans skæbne var.

Ahora estaba desesperado, sabiendo lo que estaba a punto de suceder.

Han var desperat nu, vel vidende hvad der ville ske.

Buck saltó y hombro con hombro chocó una última vez.

Buck sprang ind, skulder mødte skulder en sidste gang.

Los perros se lanzaron hacia adelante, cubriendo a Spitz en la oscuridad nevada.

Hundene stormede frem og dækkede Spitz i det snedækkede mørke.

Buck observaba, erguido, vencedor en un mundo salvaje.

Buck så til, rank stående; sejrherren i en vild verden.

La bestia primordial dominante había cometido su asesinato, y fue bueno.

Det dominerende urdyr havde gjort sit dræb, og det var godt.

Aquel que ha alcanzado la maestría
Han, som har vundet mesterskabet

¿Eh? ¿Qué dije? Digo la verdad cuando digo que Buck es un demonio.

"Øh? Hvad sagde jeg? Jeg taler sandt, når jeg siger, at Buck er en djævel."

François dijo esto a la mañana siguiente después de descubrir que Spitz había desaparecido.

François sagde dette den næste morgen efter at have fundet Spitz savnet.

Buck permaneció allí, cubierto de heridas por la feroz pelea.

Buck stod der, dækket af sår fra den voldsomme kamp.

François acercó a Buck al fuego y señaló las heridas.

François trak Buck hen til ilden og pegede på sårene.

"Ese Spitz peleó como Devik", dijo Perrault, mirando los profundos cortes.

"Den Spitz kæmpede som Devik," sagde Perrault, mens han betragtede de dybe snitsår.

—Y ese Buck peleó como dos demonios —respondió François inmediatamente.

„Og at Buck kæmpede som to djævle," svarede François straks.

"Ahora iremos a buen ritmo; no más Spitz, no más problemas".

"Nu skal vi have det godt; ikke mere Spitz, ikke mere ballade."

Perrault estaba empacando el equipo y cargando el trineo con cuidado.

Perrault pakkede udstyret og læssede slæden omhyggeligt.

François enjaezó a los perros para prepararlos para la carrera del día.

François spændte hundene for som forberedelse til dagens løbetur.

Buck trotó directamente a la posición de liderazgo que alguna vez ocupó Spitz.

Buck travede direkte til den førende position, som Spitz engang havde haft.

Pero François, sin darse cuenta, condujo a Solleks hacia el frente.

Men François, uden at bemærke det, førte Solleks frem til fronten.

A juicio de François, Solleks era ahora el mejor perro guía.

Efter François' vurdering var Solleks nu den bedste førerhund.

Buck se abalanzó furioso sobre Solleks y lo hizo retroceder en protesta.

Buck sprang rasende mod Solleks og drev ham tilbage i protest.

Se situó en el mismo lugar que una vez estuvo Spitz, ocupando la posición de liderazgo.

Han stod, hvor Spitz engang havde stået, og gjorde krav på den førende position.

—¿Eh? ¿Eh? —gritó François, dándose palmadas en los muslos, divertido.

"Eh? Eh?" udbrød François og slog sig muntert på lårene.

—Mira a Buck. Mató a Spitz y ahora quiere aceptar el trabajo.

"Se på Buck – han dræbte Spitz, nu vil han tage jobbet!"

—¡Vete, Chook! —gritó, intentando ahuyentar a Buck.

"Gå væk, Chook!" råbte han og forsøgte at skræmme Buck væk.

Pero Buck se negó a moverse y se mantuvo firme en la nieve.

Men Buck nægtede at røre sig og stod fast i sneen.

François agarró a Buck por la nuca y lo arrastró a un lado.

François greb fat i Bucks halsskind og trak ham til side.

Buck gruñó bajo y amenazante, pero no atacó.

Buck knurrede lavt og truende, men angreb ikke.

François puso a Solleks de nuevo en cabeza, intentando resolver la disputa.

François bragte Solleks tilbage i føringen og forsøgte at bilægge striden.

El perro viejo mostró miedo de Buck y no quería quedarse.

Den gamle hund viste frygt for Buck og ville ikke blive.

Cuando François le dio la espalda, Buck expulsó nuevamente a Solleks.

Da François vendte ryggen til, drev Buck Solleks ud igen.

Solleks no se resistió y se hizo a un lado silenciosamente una vez más.

Solleks gjorde ikke modstand og trådte stille til side endnu engang.

François se enojó y gritó: "¡Por Dios, te arreglo!"

François blev vred og råbte: "Ved Gud, jeg ordner dig!"

Se acercó a Buck sosteniendo un pesado garrote en su mano.

Han kom hen imod Buck med en tung kølle i hånden.

Buck recordaba bien al hombre del suéter rojo.

Buck huskede tydeligt manden i den røde sweater.

Se retiró lentamente, observando a François, pero gruñendo profundamente.

Han trak sig langsomt tilbage, mens han iagttog François, men knurrede dybt.

No se apresuró a regresar, incluso cuando Solleks ocupó su lugar.

Han skyndte sig ikke tilbage, selv da Solleks stod på hans plads.

Buck voló en círculos fuera de su alcance, gruñendo con furia y protesta.

Buck cirklede lige uden for rækkevidde, mens han knurrede i raseri og protest.

Mantuvo la vista fija en el palo, dispuesto a esquivarlo si François lanzaba.

Han holdt blikket rettet mod køllen, klar til at undvige, hvis François kastede.

Se había vuelto sabio y cauteloso en cuanto a las costumbres de los hombres con armas.

Han var blevet klog og på vagt over for mænd med våben.

François se dio por vencido y llamó a Buck nuevamente a su antiguo lugar.

François gav op og kaldte Buck tilbage til sit tidligere sted igen.

Pero Buck retrocedió con cautela, negándose a obedecer la orden.

Men Buck trådte forsigtigt tilbage og nægtede at adlyde ordren.

François lo siguió, pero Buck sólo retrocedió unos pasos más.

François fulgte efter, men Buck trak sig kun et par skridt tilbage.

Después de un tiempo, François arrojó el arma al suelo, frustrado.

Efter et stykke tid kastede François våbnet fra sig i frustration.

Pensó que Buck tenía miedo de que le dieran una paliza y que iba a venir sin hacer mucho ruido.

Han troede, at Buck frygtede at blive slået, og at han ville komme stille og roligt.

Pero Buck no estaba evitando el castigo: estaba luchando por su rango.

Men Buck undgik ikke straf – han kæmpede for rang.

Se había ganado el puesto de perro líder mediante una pelea a muerte.

Han havde fortjent førerhundspladsen gennem en kamp på liv og død

No iba a conformarse con nada menos que ser el líder.

Han ville ikke nøjes med andet end at være leder.

Perrault participó en la persecución para ayudar a atrapar al rebelde Buck.

Perrault tog en hånd med i jagten for at hjælpe med at fange den oprørske Buck.

Juntos lo hicieron correr alrededor del campamento durante casi una hora.

Sammen løb de ham rundt i lejren i næsten en time.

Le lanzaron garrotes, pero Buck los esquivó hábilmente.

De kastede køller efter ham, men Buck undveg hver enkelt dygtigt.

Lo maldijeron a él, a sus padres, a sus descendientes y a cada cabello que tenía.

De forbandede ham, hans forfædre, hans efterkommere og hvert et hårstrå på ham.

Pero Buck sólo gruñó y se quedó fuera de su alcance.

Men Buck knurrede bare tilbage og holdt sig lige uden for deres rækkevidde.

Nunca intentó huir, sino que rodeó el campamento deliberadamente.

Han forsøgte aldrig at løbe væk, men gik bevidst rundt om lejren.

Dejó claro que obedecería una vez que le dieran lo que quería.

Han gjorde det klart, at han ville adlyde, når de først havde givet ham, hvad han ønskede.

François finalmente se sentó y se rascó la cabeza con frustración.

François satte sig endelig ned og kløede sig frustreret i hovedet.

Perrault miró su reloj, maldijo y murmuró algo sobre el tiempo perdido.

Perrault kiggede på sit ur, bandede og mumlede om tabt tid.

Ya había pasado una hora cuando debían estar en el sendero.

Der var allerede gået en time, hvor de burde have været på sporet.

François se encogió de hombros tímidamente y miró al mensajero, quien suspiró derrotado.

François trak fåret på skuldrene mod kureren, som sukkede nederlagent.

Entonces François se acercó a Solleks y llamó a Buck una vez más.

Så gik François hen til Solleks og kaldte endnu engang på Buck.

Buck se rió como se ríe un perro, pero mantuvo una distancia cautelosa.

Buck lo som en hund griner, men holdt sig forsigtigt på afstand.

François le quitó el arnés a Solleks y lo devolvió a su lugar.

François tog Solleks' sele af og bragte ham tilbage på sin plads.

El equipo de trineo estaba completamente arneses y solo había un lugar libre.

Slædeholdet stod fuldt spændt, med kun én ledig plads.

La posición de liderazgo quedó vacía, claramente destinada solo para Buck.

Føringspositionen forblev tom, tydeligvis kun tiltænkt Buck.

François volvió a llamar, y nuevamente Buck rió y se mantuvo firme.

François kaldte igen, og igen lo Buck og holdt stand.

—Tira el garrote —ordenó Perrault sin dudarlo.

"Smid køllen ned," beordrede Perrault uden tøven.

François obedeció y Buck inmediatamente trotó hacia adelante orgulloso.

François adlød, og Buck travede straks stolt frem.

Se rió triunfante y asumió la posición de líder.

Han lo triumferende og trådte ind i førerpositionen.

François aseguró sus correajes y el trineo se soltó.

François sikrede sine spor, og slæden blev brudt løs.

Ambos hombres corrieron al lado del equipo mientras corrían hacia el sendero del río.

Begge mænd løb side om side, mens holdet løb ind på flodstien.

François tenía en alta estima a los "dos demonios" de Buck.

François havde haft høje tanker om Bucks "to djævle".

Pero pronto se dio cuenta de que en realidad había subestimado al perro.

men han indså hurtigt, at han faktisk havde undervurderet hunden.

Buck asumió rápidamente el liderazgo y trabajó con excelencia.

Buck overtog hurtigt lederskabet og præsterede med
fremragende præstation.

**En juicio, pensamiento rápido y acción veloz, Buck superó a
Spitz.**

I dømmekraft, hurtig tænkning og hurtig handling overgik
Buck Spitz.

**François nunca había visto un perro igual al que Buck
mostraba ahora.**

François havde aldrig set en hund, der kunne måle sig med
den, Buck nu fremviste.

**Pero Buck realmente sobresalía en imponer el orden e
imponer respeto.**

Men Buck udmærkede sig virkelig ved at håndhæve orden og
indgyde respekt.

**Dave y Solleks aceptaron el cambio sin preocupación ni
protesta.**

Dave og Solleks accepterede ændringen uden bekymring eller
protest.

**Se concentraron únicamente en el trabajo y en tirar con
fuerza de las riendas.**

De fokuserede kun på arbejde og at trække hårdt i tøjlerne.

**A ellos les importaba poco quién iba delante, siempre y
cuando el trineo siguiera moviéndose.**

De var ligeglade med, hvem der førte, så længe slæden blev
ved med at bevæge sig.

**Billee, la alegre, podría haber liderado todo lo que a ellos les
importaba.**

Billee, den muntre, kunne have ledet an uanset hvad de brød
sig om.

Lo que les importaba era la paz y el orden en las filas.

Det, der betød noget for dem, var ro og orden i rækkerne.

**El resto del equipo se había vuelto rebelde durante la
decadencia de Spitz.**

Resten af holdet var blevet uregerligt under Spitz' tilbagegang.

**Se sorprendieron cuando Buck inmediatamente los puso en
orden.**

De var chokerede, da Buck straks bragte dem til orden.

Pike siempre había sido perezoso y arrastraba los pies detrás de Buck.

Pike havde altid været doven og havde slæbt fødderne efter Buck.

Pero ahora el nuevo liderazgo lo ha disciplinado severamente.

Men nu blev han skarpt disciplineret af den nye ledelse.

Y rápidamente aprendió a aportar su granito de arena en el equipo.

Og han lærte hurtigt at trække sin balk på holdet.

Al final del día, Pike trabajó más duro que nunca.

Ved dagens slutning arbejdede Pike hårdere end nogensinde før.

Esa noche en el campamento, Joe, el perro amargado, finalmente fue sometido.

Den aften i lejren blev Joe, den sure hund, endelig underkuet.

Spitz no logró disciplinarlo, pero Buck no falló.

Spitz havde undladt at disciplinere ham, men Buck fejlede ikke.

Utilizando su mayor peso, Buck superó a Joe en segundos.

Ved at bruge sin større vægt overmandede Buck Joe på få sekunder.

Mordió y golpeó a Joe hasta que gimió y dejó de resistirse.

Han bed og slog Joe, indtil han klynkede og holdt op med at gøre modstand.

Todo el equipo mejoró a partir de ese momento.

Hele holdet forbedrede sig fra det øjeblik.

Los perros recuperaron su antigua unidad y disciplina.

Hundene genvandt deres gamle sammenhold og disciplin.

En Rink Rapids, se unieron dos nuevos huskies nativos, Teek y Koona.

Ved Rink Rapids kom to nye indfødte huskies, Teek og Koona, til.

El rápido entrenamiento que Buck les dio sorprendió incluso a François.

Bucks hurtige træning af dem forbløffede selv François.

"¡Nunca hubo un perro como ese Buck!" gritó con asombro.

"Aldrig har der været sådan en hund som den Buck!" udbrød han forbløffet.

¡No, jamás! ¡Vale mil dólares, por Dios!

"Nej, aldrig! Han er tusind dollars værd, for pokker!"

—¿Eh? ¿Qué dices, Perrault? —preguntó con orgullo.

"Eh? Hvad siger du, Perrault?" spurgte han stolt.

Perrault asintió en señal de acuerdo y revisó sus notas.

Perrault nikkede samtykkende og tjekkede sine noter.

Ya vamos por delante del cronograma y ganamos más cada día.

Vi er allerede foran tidsplanen og får mere hver dag.

El sendero estaba duro y liso, sin nieve fresca.

Stien var hårdt pakket og jævn, uden nysne.

El frío era constante, rondando los cincuenta grados bajo cero durante todo el tiempo.

Kulden var støt og svævede på halvtreds minusgrader hele tiden.

Los hombres cabalgaban y corrían por turnos para entrar en calor y ganar tiempo.

Mændene red og løb på skift for at holde varmen og få tid.

Los perros corrían rápido, con pocas paradas y siempre avanzando.

Hundene løb hurtigt med få stop, altid skubbede de fremad.

El río Thirty Mile estaba casi congelado y era fácil cruzarlo.

Thirty Mile-floden var for det meste frossen og nem at krydse.

Salieron en un día lo que habían tardado diez días en llegar.

De drog ud på én dag, hvad der havde taget ti dage at komme ind.

Hicieron una carrera de sesenta millas desde el lago Le Barge hasta White Horse.

De susede 10 kilometer fra Lake Le Barge til White Horse.

A través de los lagos Marsh, Tagish y Bennett se movieron increíblemente rápido.

Hen over Marsh, Tagish og Bennett Lakes bevægede de sig utroligt hurtigt.

El hombre corriendo remolcado detrás del trineo por una cuerda.

Den løbende mand bugserede bag slæden i et reb.

En la última noche de la segunda semana llegaron a su destino.

På den sidste aften i uge to nåede de deres destination.

Habían llegado juntos a la cima del Paso Blanco.

De havde nået toppen af White Pass sammen.

Descendieron al nivel del mar con las luces de Skaguay debajo de ellos.

De faldt ned til havets overflade med Skaguays lys under dem.

Había sido una carrera que estableció un récord a través de kilómetros de desierto frío.

Det havde været en rekordslået løbetur gennem kilometervis af kold vildmark.

Durante catorce días seguidos, recorrieron un promedio de cuarenta millas.

I fjorten dage i træk tilbagelagde de et gennemsnit på 64 kilometer.

En Skaguay, Perrault y François transportaban mercancías por la ciudad.

I Skaguay flyttede Perrault og François gods gennem byen.

Fueron aplaudidos y la multitud admirada les ofreció muchas bebidas.

De blev hyldet og tilbudt mange drinks af beundrende folkemængder.

Los cazadores de perros y los trabajadores se reunieron alrededor del famoso equipo de perros.

Hundejagtere og arbejdere samledes omkring det berømte hundespand.

Luego, los forajidos del oeste llegaron a la ciudad y sufrieron una derrota violenta.

Så kom vestlige fredløse til byen og led et voldsomt nederlag.

La gente pronto se olvidó del equipo y se centró en un nuevo drama.

Folket glemte hurtigt holdet og fokuserede på nyt drama.

Luego vinieron las nuevas órdenes que cambiaron todo de golpe.

Så kom de nye ordrer, der ændrede alt på én gang.

François llamó a Buck y lo abrazó con orgullo entre lágrimas.

François kaldte Buck hen til sig og krammede ham med tårevædet stolthed.

Ese momento fue la última vez que Buck volvió a ver a François.

Det øjeblik var sidste gang Buck nogensinde så François igen.

Como muchos hombres antes, tanto François como Perrault se habían ido.

Ligesom mange mænd før var både François og Perrault væk.

Un mestizo escocés se hizo cargo de Buck y sus compañeros de equipo de perros de trineo.

En skotsk halvblodshund tog ansvaret for Buck og hans slædehundekammerater.

Con una docena de otros equipos de perros, regresaron por el sendero hasta Dawson.

Med et dusin andre hundehold vendte de tilbage langs stien til Dawson.

Ya no era una carrera rápida, solo un trabajo duro con una carga pesada cada día.

Det var ikke længere nogen hurtig løbetur – bare hårdt slid med en tung last hver dag.

Éste era el tren correo que llevaba noticias a los buscadores de oro cerca del Polo.

Dette var posttoget, der bragte bud til guldjægere nær polen.

A Buck no le gustaba el trabajo, pero lo soportaba bien y se enorgullecía de su esfuerzo.

Buck kunne ikke lide arbejdet, men han bar det godt og var stolt af sin indsats.

Al igual que Dave y Solleks, Buck mostró devoción por cada tarea diaria.

Ligesom Dave og Solleks viste Buck hengivenhed til hver eneste daglige opgave.

Se aseguró de que cada uno de sus compañeros hiciera su parte.

Han sørgede for, at hans holdkammerater hver især ydede deres rette pligt.

La vida en el sendero se volvió aburrida, repetida con la precisión de una máquina.

Livet på stierne blev kedeligt, gentaget med en maskines præcision.

Cada día parecía igual, una mañana se fundía con la siguiente.

Hver dag føltes ens, den ene morgen smeltede sammen med den næste.

A la misma hora, los cocineros se levantaron para hacer fogatas y preparar la comida.

I samme time stod kokkene op for at lave bål og tilberede mad.

Después del desayuno, algunos abandonaron el campamento mientras otros enjaezaron los perros.

Efter morgenmaden forlod nogle lejren, mens andre spændte hundene for.

Se pusieron en marcha antes de que la tenue señal del amanecer tocara el cielo.

De ramte stien, før den svage varsling om daggry rørte himlen.

Por la noche se detenían para acampar, cada hombre con una tarea determinada.

Om natten stoppede de for at slå lejr, hver mand med en fast opgave.

Algunos montaron tiendas de campaña, otros cortaron leña y recogieron ramas de pino.

Nogle slog telte op, andre fældede brænde og samlede fyrregrene.

Se llevaba agua o hielo a los cocineros para la cena.

Vand eller is blev båret tilbage til kokkene til aftensmåltidet.

Los perros fueron alimentados y esta fue la mejor parte del día para ellos.

Hundene blev fodret, og dette var den bedste del af dagen for dem.

Después de comer pescado, los perros se relajaron y descansaron cerca del fuego.

Efter at have spist fisk, slappede hundene af og lå ved bålet.

Había otros cien perros en el convoy con los que mezclarse.

Der var hundrede andre hunde i konvojen at blande sig med.

Muchos de esos perros eran feroces y rápidos para pelear sin previo aviso.

Mange af disse hunde var vilde og hurtige til at slås uden varsel.

Pero después de tres victorias, Buck dominó incluso a los luchadores más feroces.

Men efter tre sejre mestrede Buck selv de vildeste kæmpere.

Cuando Buck gruñó y mostró los dientes, se hicieron a un lado.

Da Buck knurrede og viste tænderne, trådte de til side.

Quizás lo mejor de todo es que a Buck le encantaba tumbarse cerca de la fogata parpadeante.

Måske allerbedst elskede Buck at ligge nær det blafrende lejrbål.

Se agachó con las patas traseras dobladas y las patas delanteras estiradas hacia adelante.

Han krøb sammen med bagbenene indad og forbenene strakt fremad.

Levantó la cabeza mientras parpadeaba suavemente ante las llamas brillantes.

Hans hoved var løftet, mens han blinkede sagte mod de glødende flammer.

A veces recordaba la gran casa del juez Miller en Santa Clara.

Nogle gange huskede han dommer Millers store hus i Santa Clara.

Pensó en la piscina de cemento, en Ysabel y en el pug llamado Toots.

Han tænkte på cementbassinet, på Ysabel og mopsen, der hed Toots.

Pero más a menudo recordaba el garrote del hombre del suéter rojo.

Men oftere huskede han manden med den røde sweaters kølle.

Recordó la muerte de Curly y su feroz batalla con Spitz.

Han huskede Krøllets død og hans voldsomme kamp med Spitz.

También recordó la buena comida que había comido o con la que aún soñaba.

Han huskede også den gode mad, han havde spist eller stadig drømte om.

Buck no sentía nostalgia: el cálido valle era distante e irreal.

Buck havde ikke hjemve – den varme dal var fjern og uvirkelig.

Los recuerdos de California ya no ejercían ninguna atracción sobre él.

Minderne fra Californien havde ikke længere nogen reel tiltrækningskraft på ham.

Más fuertes que la memoria eran los instintos profundos en su linaje.

Stærkere end hukommelsen var instinkter dybt i hans blodslinje.

Los hábitos que una vez se habían perdido habían regresado, revividos por el camino y la naturaleza.

Engang tabte vaner var vendt tilbage, genoplivet af stien og naturen.

Mientras Buck observaba la luz del fuego, a veces se convertía en otra cosa.

Når Buck så på ildens skær, blev det sommetider til noget andet.

Vio a la luz del fuego otro fuego, más antiguo y más profundo que el actual.

Han så i ildens skær en anden ild, ældre og dybere end den nuværende.

Junto a ese otro fuego se agazapaba un hombre que no se parecía en nada al cocinero mestizo.

Ved siden af den anden ild lå en mand, ulig den halvblodskok.

Esta figura tenía piernas cortas, brazos largos y músculos duros y anudados.

Denne figur havde korte ben, lange arme og hårde, knudrede muskler.

Su cabello era largo y enmarañado, y caía hacia atrás desde los ojos.

Hans hår var langt og filtret og skrånede bagover fra øjnene.

Hizo ruidos extraños y miró con miedo hacia la oscuridad.

Han lavede mærkelige lyde og stirrede frygtsomt ud i mørket.

Sostenía agachado un garrote de piedra, firmemente agarrado con su mano larga y áspera.

Han holdt en stenkølle lavt, fast grebet i sin lange, ru hånd.

El hombre vestía poco: sólo una piel carbonizada que le colgaba por la espalda.

Manden havde kun lidt på; kun en forkullet hud, der hang ned ad ryggen.

Su cuerpo estaba cubierto de espeso vello en los brazos, el pecho y los muslos.

Hans krop var dækket af tykt hår på tværs af arme, bryst og lår.

Algunas partes del cabello estaban enredadas en parches de pelaje áspero.

Nogle dele af håret var viklet ind i pletter af ru pels.

No se mantenía erguido, sino inclinado hacia delante desde las caderas hasta las rodillas.

Han stod ikke lige, men bøjede sig forover fra hofterne til knæene.

Sus pasos eran elásticos y felinos, como si estuviera siempre dispuesto a saltar.

Hans skridt var spændstige og katteagtige, som om han altid var klar til at springe.

Había un estado de alerta agudo, como si viviera con miedo constante.

Der var en skarp årvågenhed, som om han levede i konstant frygt.

Este hombre anciano parecía esperar el peligro, ya sea que lo viera o no.

Denne oldgamle mand syntes at forvente fare, uanset om faren blev set eller ej.

A veces, el hombre peludo dormía junto al fuego, con la cabeza metida entre las piernas.
Til tider sov den behårede mand ved ilden med hovedet mellem benene.
Sus codos descansaban sobre sus rodillas, sus manos entrelazadas sobre su cabeza.
Hans albuer hvilede på hans knæ, hænderne foldet over hans hoved.
Como un perro, usó sus brazos peludos para protegerse de la lluvia que caía.
Ligesom en hund brugte han sine behårede arme til at afværge den faldende regn.
Más allá de la luz del fuego, Buck vio dos brasas brillando en la oscuridad.
Bag ildens skær så Buck to kul, der glødede i mørket.
Siempre de dos en dos, eran los ojos de las bestias rapaces al acecho.
Altid to og to var de øjnene på forfølgende rovdyr.
Escuchó cuerpos chocando contra la maleza y ruidos en la noche.
Han hørte lig brage gennem krat og lyde fra natten.
Acostado en la orilla del Yukón, parpadeando, Buck soñaba junto al fuego.
Buck lå blinkende på Yukon-bredden og drømte ved ilden.
Las vistas y los sonidos de ese mundo salvaje le ponían los pelos de punta.
Synene og lydene fra den vilde verden fik ham til at rejse sig i hårene.
El pelaje se le subió por la espalda, los hombros y el cuello.
Pelsen hævede sig langs hans ryg, hans skuldre og op ad hans hals.
Él gimió suavemente o emitió un gruñido bajo y profundo en su pecho.
Han klynkede sagte eller udstødte en lav knurren dybt i brystet.
Entonces el cocinero mestizo gritó: "¡Oye, Buck, despierta!"
Så råbte den halvblods kok: "Hey, din Buck, vågn op!"

El mundo de los sueños desapareció y la vida real regresó a los ojos de Buck.

Drømmeverdenen forsvandt, og det virkelige liv vendte tilbage i Bucks øjne.

Iba a levantarse, estirarse y bostezar, como si acabara de despertar de una siesta.

Han ville til at stå op, strække sig og gabe, som om han var vækket fra en lur.

El viaje fue duro, con el trineo del correo arrastrándose detrás de ellos.

Turen var hård, med postslæden slæbende bag dem.

Las cargas pesadas y el trabajo duro agotaban a los perros cada largo día.

Tunge læs og hårdt arbejde slidte hundene op hver lange dag.

Llegaron a Dawson delgados, cansados y necesitando más de una semana de descanso.

De nåede Dawson tynde, trætte og havde brug for over en uges hvile.

Pero sólo dos días después, emprendieron nuevamente el descenso por el Yukón.

Men kun to dage senere begav de sig igen ned ad Yukon-floden.

Estaban cargados con más cartas destinadas al mundo exterior.

De var fyldt med flere breve på vej til omverdenen.

Los perros estaban exhaustos y los hombres se quejaban constantemente.

Hundene var udmattede, og mændene klagede konstant.

La nieve caía todos los días, suavizando el camino y ralentizando los trineos.

Sneen faldt hver dag, hvilket gjorde stien blødere og bremsede slæderne.

Esto provocó que el tirón fuera más difícil y hubo más resistencia para los corredores.

Dette gjorde at løberne trak hårdere og fik mere modstand.

A pesar de eso, los pilotos fueron justos y se preocuparon por sus equipos.

På trods af det var chaufførerne fair og tog sig af deres hold.

Cada noche, los perros eran alimentados antes de que los hombres pudieran comer.

Hver aften blev hundene fodret, inden mændene fik mad.

Ningún hombre duerme sin antes revisar las patas de su propio perro.

Ingen mand sover, før han tjekker sin egen hunds fødder.

Aún así, los perros se fueron debilitando a medida que los kilómetros iban desgastando sus cuerpos.

Alligevel blev hundene svagere, efterhånden som kilometerne blev slidt på deres kroppe.

Habían viajado mil ochocientas millas durante el invierno.

De havde rejst atten hundrede mil gennem vinteren.

Tiraron de trineos a lo largo de cada milla de esa brutal distancia.

De trak slæder over hver en kilometer af den brutale afstand.

Incluso los perros de trineo más resistentes sienten tensión después de tantos kilómetros.

Selv de sejeste slædehunde føler en belastning efter så mange kilometer.

Buck aguantó, mantuvo a su equipo trabajando y mantuvo la disciplina.

Buck holdt ud, holdt sit hold i gang og opretholdt disciplinen.

Pero Buck estaba cansado, al igual que los demás en el largo viaje.

Men Buck var træt, ligesom de andre på den lange rejse.

Billee gemía y lloraba mientras dormía todas las noches sin falta.

Billee klynkede og græd i søvne hver nat uden undtagelse.

Joe se volvió aún más amargado y Solleks se mantuvo frío y distante.

Joe blev endnu mere bitter, og Solleks forblev kold og fjern.

Pero fue Dave quien sufrió más de todo el equipo.

Men det var Dave, der led det værst af hele holdet.

Algo había ido mal dentro de él, aunque nadie sabía qué.

Noget var gået galt indeni ham, selvom ingen vidste hvad.

Se volvió más malhumorado y les gritaba a los demás con creciente enojo.
Han blev mere humørsyg og snappede ad andre med voksende vrede.

Cada noche iba directo a su nido, esperando ser alimentado.
Hver nat gik han direkte til sin rede og ventede på at blive fodret.

Una vez que cayó, Dave no se levantó hasta la mañana.
Da han først var nede, stod Dave ikke op igen før om morgenen.

En las riendas, tirones o arranques repentinos le hacían gritar de dolor.
På tøjlerne fik pludselige ryk eller start ham til at skrige af smerte.

Su conductor buscó la causa, pero no encontró heridos.
Hans chauffør ledte efter årsagen, men fandt ingen skader på ham.

Todos los conductores comenzaron a observar a Dave y discutieron su caso.
Alle chaufførerne begyndte at holde øje med Dave og diskuterede hans sag.

Hablaron durante las comidas y durante el último cigarrillo del día.
De talte sammen ved måltiderne og under dagens sidste rygning.

Una noche tuvieron una reunión y llevaron a Dave al fuego.
En aften holdt de et møde og bragte Dave hen til ilden.

Le apretaron y le palparon el cuerpo, y él gritaba a menudo.
De pressede og undersøgte hans krop, og han græd ofte.

Estaba claro que algo iba mal, aunque no parecía haber ningún hueso roto.
Der var tydeligvis noget galt, selvom ingen knogler syntes at være brækkede.

Cuando llegaron a Cassiar Bar, Dave se estaba cayendo.
Da de nåede Cassiar Bar, var Dave ved at falde om.

El mestizo escocés pidió un alto y eliminó a Dave del equipo.

Den skotske halvblodsrace stoppede og fjernede Dave fra holdet.

Sujetó a Solleks en el lugar de Dave, más cerca del frente del trineo.

Han fastgjorde Solleks på Daves plads, tættest på slædens forende.

Su intención era dejar que Dave descansara y corriera libremente detrás del trineo en movimiento.

Han havde til hensigt at lade Dave hvile sig og løbe frit bag den bevægelige slæde.

Pero incluso estando enfermo, Dave odiaba que lo sacaran del trabajo que había tenido.

Men selv da han var syg, hadede Dave at blive taget fra det job, han havde haft.

Gruñó y gimió cuando le quitaron las riendas del cuerpo.

Han knurrede og klynkede, da tøjlerne blev trukket fra hans krop.

Cuando vio a Solleks en su lugar, lloró con el corazón roto.

Da han så Solleks på sin plads, græd han af knust hjerte.

El orgullo por el trabajo en los senderos estaba profundamente arraigado en Dave, incluso cuando se acercaba la muerte.

Stoltheden over arbejdet på stierne sad dybt i Dave, selv da døden nærmede sig.

Mientras el trineo se movía, Dave se tambaleaba sobre la nieve blanda cerca del sendero.

Mens slæden bevægede sig, famlede Dave gennem den bløde sne nær stien.

Atacó a Solleks, mordiéndolo y empujándolo desde el costado del trineo.

Han angreb Solleks, bed og skubbede ham fra slædens side.

Dave intentó saltar al arnés y recuperar su lugar de trabajo.

Dave forsøgte at hoppe i selen og generobre sin arbejdsplads.

Gritó, se quejó y lloró, dividido entre el dolor y el orgullo por el trabajo.

Han gøs, klynkede og græd, splittet mellem smerte og stolthed over arbejdet.

El mestizo usó su látigo para intentar alejar a Dave del equipo.

Halvblodshunden brugte sin pisk til at forsøge at drive Dave væk fra holdet.

Pero Dave ignoró el látigo y el hombre no pudo golpearlo más fuerte.

Men Dave ignorerede piskeslaget, og manden kunne ikke slå ham hårdere.

Dave rechazó el camino más fácil detrás del trineo, donde la nieve estaba acumulada.

Dave afviste den nemmere sti bag slæden, hvor sneen var pakket sammen.

En cambio, luchaba en la nieve profunda junto al sendero, en la miseria.

I stedet kæmpede han i den dybe sne ved siden af stien, i elendighed.

Finalmente, Dave se desplomó, quedó tendido en la nieve y aullando de dolor.

Til sidst kollapsede Dave, liggende i sneen og hylede af smerte.

Gritó cuando el largo tren de trineos pasó a su lado uno por uno.

Han råbte højt, da det lange tog af slæder passerede ham en efter en.

Aún con las fuerzas que le quedaban, se levantó y tropezó tras ellos.

Alligevel rejste han sig med den styrke, der var tilbage, og snublede efter dem.

Lo alcanzó cuando el tren se detuvo nuevamente y encontró su viejo trineo.

Han indhentede ham, da toget stoppede igen, og fandt sin gamle slæde.

Pasó junto a los otros equipos y se quedó de nuevo al lado de Solleks.

Han famlede forbi de andre hold og stod igen ved siden af Solleks.

Cuando el conductor se detuvo para encender su pipa, Dave aprovechó su última oportunidad.

Da chaufføren holdt pause for at tænde sin pibe, tog Dave sin sidste chance.

Cuando el conductor regresó y gritó, el equipo no avanzó.

Da chaufføren vendte tilbage og råbte, bevægede holdet sig ikke fremad.

Los perros habían girado la cabeza, confundidos por la parada repentina.

Hundene havde vendt hovedet, forvirrede over den pludselige standsning.

El conductor también estaba sorprendido: el trineo no se había movido ni un centímetro hacia adelante.

Føreren var også chokeret – slæden var ikke rykket en tomme fremad.

Llamó a los demás para que vinieran a ver qué había sucedido.

Han råbte til de andre, at de skulle komme og se, hvad der var sket.

Dave había mordido las riendas de Solleks, rompiéndolas ambas.

Dave havde tygget sig igennem Solleks' tøjler og brækket begge fra hinanden.

Ahora estaba de pie frente al trineo, nuevamente en su posición correcta.

Nu stod han foran slæden, tilbage på sin rette plads.

Dave miró al conductor y le rogó en silencio que se mantuviera en el carril.

Dave kiggede op på chaufføren og tryglede lydløst om at blive i sporene.

El conductor estaba desconcertado, sin saber qué hacer con el perro que luchaba.

Føreren var forvirret og usikker på, hvad han skulle gøre med den kæmpende hund.

Los otros hombres hablaron de perros que habían muerto al ser sacados a la calle.

De andre mænd talte om hunde, der var døde af at blive taget ud.

Contaron sobre perros viejos o heridos cuyo corazón se rompió al ser abandonados.

De fortalte om gamle eller tilskadekomne hunde, hvis hjerter knuste, når de blev efterladt.

Estuvieron de acuerdo en que era una misericordia dejar que Dave muriera mientras aún estaba en su arnés.

De var enige om, at det var barmhjertighed at lade Dave dø, mens han stadig var i sin sele.

Lo volvieron a sujetar al trineo y Dave tiró con orgullo.

Han blev spændt tilbage på slæden, og Dave trak med stolthed.

Aunque a veces gritaba, trabajaba como si el dolor pudiera ignorarse.

Selvom han græd til tider, arbejdede han, som om smerte kunne ignoreres.

Más de una vez se cayó y fue arrastrado antes de levantarse de nuevo.

Mere end én gang faldt han og blev slæbt med, før han rejste sig igen.

Un día, el trineo pasó por encima de él y desde ese momento empezó a cojear.

Engang rullede slæden over ham, og han haltede fra det øjeblik.

Aún así, trabajó hasta llegar al campamento y luego se acostó junto al fuego.

Alligevel arbejdede han, indtil han nåede lejren, og lå derefter ved bålet.

Por la mañana, Dave estaba demasiado débil para viajar o incluso mantenerse en pie.

Om morgenen var Dave for svag til at rejse eller endda stå oprejst.

En el momento de preparar el arnés, intentó alcanzar a su conductor con un esfuerzo tembloroso.

Da det var tid til at spænde bilen fast, forsøgte han med rystende anstrengelse at nå sin chauffør.

Se obligó a levantarse, se tambaleó y se desplomó sobre el suelo nevado.

Han tvang sig op, vaklede og kollapsede ned på den snedækkede jord.

Utilizando sus patas delanteras, arrastró su cuerpo hacia el área del arnés.

Ved hjælp af sine forben slæbte han sin krop hen mod seleområdet.

Avanzó poco a poco, centímetro a centímetro, hacia los perros de trabajo.

Han slæbte sig frem, tomme for tomme, mod arbejdshundene.

Sus fuerzas se acabaron, pero siguió avanzando en su último y desesperado esfuerzo.

Hans kræfter slap op, men han fortsatte i sit sidste desperate skub.

Sus compañeros de equipo lo vieron jadeando en la nieve, todavía deseando unirse a ellos.

Hans holdkammerater så ham gispe i sneen, stadig længselsfuld efter at slutte sig til dem.

Lo oyeron aullar de dolor mientras dejaban atrás el campamento.

De hørte ham hyle af sorg, da de forlod lejren.

Cuando el equipo desapareció entre los árboles, el grito de Dave resonó detrás de ellos.

Da holdet forsvandt ind i træerne, genlød Daves råb bag dem.

El tren de trineos se detuvo brevemente después de cruzar un tramo de bosque junto al río.

Slædetoget stoppede kort efter at have krydset en strækning med flodtømmer.

El mestizo escocés caminó lentamente de regreso hacia el campamento que estaba detrás.

Den skotske halvblodshund gik langsomt tilbage mod lejren bagved.

Los hombres dejaron de hablar cuando lo vieron salir del tren de trineos.

Mændene holdt op med at tale, da de så ham forlade slædetoget.

Entonces un único disparo se oyó claro y nítido en el camino.
Så lød et enkelt skud klart og skarpt hen over stien.

El hombre regresó rápidamente y ocupó su lugar sin decir palabra.
Manden vendte hurtigt tilbage og indtog sin plads uden et ord.

Los látigos crujieron, las campanas tintinearon y los trineos rodaron por la nieve.
Piske klang, klokker klang, og slæderne rullede videre gennem sneen.

Pero Buck sabía lo que había sucedido... y todos los demás perros también.
Men Buck vidste, hvad der var sket – og det gjorde alle andre hunde også.

El trabajo de las riendas y el sendero
Tøjlernes og sporets slid

Treinta días después de salir de Dawson, el Salt Water Mail llegó a Skaguay.
Tredive dage efter at have forladt Dawson, nåede Salt Water Mail Skaguay.

Buck y sus compañeros tomaron la delantera, llegando en lamentables condiciones.
Buck og hans holdkammerater tog føringen og ankom i ynkelig forfatning.

Buck había bajado de ciento cuarenta a ciento quince libras.
Buck var tabt sig fra hundrede og fyrre til hundrede og femten pund.

Los otros perros, aunque más pequeños, habían perdido aún más peso corporal.
De andre hunde, selvom de var mindre, havde tabt endnu mere kropsvægt.

Pike, que antes fingía cojear, ahora arrastraba tras él una pierna realmente herida.
Pike, engang en falsk limper, slæbte nu et virkelig skadet ben bag sig.

Solleks cojeaba mucho y Dub tenía un omóplato torcido.
Solleks haltede voldsomt, og Dub havde et forvredet skulderblad.

Todos los perros del equipo tenían las patas doloridas por las semanas que pasaron en el sendero helado.
Alle hundene i holdet havde ondt i benene efter at have været på den frosne sti i flere uger.

Ya no tenían resorte en sus pasos, sólo un movimiento lento y arrastrado.
De havde ingen fjeder tilbage i deres skridt, kun langsom, slæbende bevægelse.

Sus pies golpeaban el sendero con fuerza y cada paso añadía más tensión a sus cuerpos.
Deres fødder rammer stien hårdt, og hvert skridt belaster deres kroppe mere.

No estaban enfermos, sólo agotados más allá de toda recuperación natural.

De var ikke syge, kun udmattede til uforudsigelig naturlig helbredelse.

No era el cansancio de un día duro que se curaba con una noche de descanso.

Dette var ikke træthed fra én hård dag, kureret med en nats søvn.

Fue un agotamiento acumulado lentamente a lo largo de meses de esfuerzo agotador.

Det var en udmattelse, der langsomt var opbygget gennem måneders opslidende indsats.

No quedaban reservas de fuerza: habían agotado todas las que tenían.

Der var ingen reservestyrke tilbage – de havde brugt alt, hvad de havde.

Cada músculo, fibra y célula de sus cuerpos estaba gastado y desgastado.

Hver en muskel, fiber og celle i deres kroppe var udmattet og slidt op.

Y había una razón: habían recorrido dos mil quinientas millas.

Og der var en grund – de havde tilbagelagt 2500 mil.

Habían descansado sólo cinco días durante las últimas mil ochocientas millas.

De havde kun hvilet fem dage i løbet af de sidste atten hundrede mil.

Cuando llegaron a Skaguay, parecían apenas capaces de mantenerse en pie.

Da de nåede Skaguay, så de knap nok ud til at kunne stå oprejst.

Se esforzaron por mantener las riendas tensas y permanecer delante del trineo.

De kæmpede med at holde tøjlerne stramme og holde sig foran slæden.

En las bajadas sólo lograron evitar ser atropellados.

På nedkørsler undgik de kun at blive kørt over.

"Sigan adelante, pobres pies doloridos", dijo el conductor mientras cojeaban.

"Marchér videre, stakkels ømme fødder," sagde chaufføren, mens de haltede afsted.

"Este es el último tramo, luego todos tendremos un largo descanso, seguro".

"Dette er den sidste strækning, så får vi alle helt sikkert en lang pause."

"Un descanso verdaderamente largo", prometió mientras los observaba tambalearse hacia adelante.

"Én rigtig lang hvil," lovede han, mens han så dem vakle fremad.

Los conductores esperaban que ahora tuvieran un descanso largo y necesario.

Chaufførerne forventede, at de nu ville få en lang, tiltrængt pause.

Habían recorrido mil doscientas millas con sólo dos días de descanso.

De havde rejst tolv hundrede mil med kun to dages hvile.

Por justicia y razón, sintieron que se habían ganado tiempo para relajarse.

Af rimelighed og fornuft følte de, at de havde fortjent tid til at slappe af.

Pero eran demasiados los que habían llegado al Klondike y muy pocos los que se habían quedado en casa.

Men for mange var kommet til Klondike, og for få var blevet hjemme.

Las cartas de las familias llegaron en masa, creando montañas de correo retrasado.

Breve fra familier strømmede ind og skabte bunker af forsinket post.

Llegaron órdenes oficiales: nuevos perros de la Bahía de Hudson tomarían el control.

De officielle ordrer ankom – nye hunde fra Hudson Bay skulle overtage.

Los perros exhaustos, ahora llamados inútiles, debían ser eliminados.

De udmattede hunde, nu kaldt værdiløse, skulle bortskaffes.

Como el dinero importaba más que los perros, los iban a vender a bajo precio.

Da penge betød mere end hunde, skulle de sælges billigt.

Pasaron tres días más antes de que los perros sintieran lo débiles que estaban.

Der gik yderligere tre dage, før hundene mærkede, hvor svage de var.

En la cuarta mañana, dos hombres de Estados Unidos compraron todo el equipo.

På den fjerde morgen købte to mænd fra staterne hele holdet.

La venta incluía todos los perros, además de sus arneses usados.

Salget omfattede alle hundene plus deres slidte seletøj.

Los hombres se llamaban entre sí "Hal" y "Charles" mientras completaban el trato.

Mændene kaldte hinanden "Hal" og "Charles", mens de fuldførte handlen.

Charles era un hombre de mediana edad, pálido, con labios flácidos y puntas de bigote feroces.

Charles var midaldrende, bleg, med slappe læber og vilde overskægsspidser.

Hal era un hombre joven, de unos diecinueve años, que llevaba un cinturón lleno de cartuchos.

Hal var en ung mand, måske nitten, iført et bælte fyldt med patroner.

El cinturón contenía un gran revólver y un cuchillo de caza, ambos sin usar.

Bæltet indeholdt en stor revolver og en jagtkniv, begge ubrugte.

Esto demostró lo inexperto e inadecuado que era para la vida en el norte.

Det viste, hvor uerfaren og uegnet han var til livet i nord.

Ninguno de los dos pertenecía a la naturaleza; su presencia desafiaba toda razón.

Ingen af mændene hørte hjemme i naturen; deres tilstedeværelse trodsede al fornuft.

Buck observó cómo el dinero intercambiaba manos entre el comprador y el agente.

Buck så til, mens penge udveksledes mellem køber og agent.

Sabía que los conductores de trenes correos abandonaban su vida como el resto.

Han vidste, at postlokomotivførerne forlod hans liv ligesom alle de andre.

Siguieron a Perrault y a François, ahora desaparecidos sin posibilidad de recuperación.

De fulgte Perrault og François, som nu var uigenkaldeligt gamle.

Buck y el equipo fueron conducidos al descuidado campamento de sus nuevos dueños.

Buck og holdet blev ført til deres nye ejeres sjuskede lejr.

La tienda se hundía, los platos estaban sucios y todo estaba desordenado.

Teltet hang, servicet var beskidt, og alt lå i uorden.

Buck también notó que había una mujer allí: Mercedes, la esposa de Charles y hermana de Hal.

Buck bemærkede også en kvinde der – Mercedes, Charles' kone og Hals søster.

Formaban una familia completa, aunque no eran aptos para el recorrido.

De udgjorde en komplet familie, dog langt fra egnet til ruten.

Buck observó nervioso cómo el trío comenzó a empacar los suministros.

Buck så nervøst til, mens trioen begyndte at pakke forsyningerne.

Trabajaron duro, pero sin orden: sólo alboroto y esfuerzos desperdiciados.

De arbejdede hårdt, men uden orden – bare ståhej og spildt indsats.

La tienda estaba enrollada hasta formar un volumen demasiado grande para el trineo.

Teltet var rullet sammen til en klodset form, alt for stor til slæden.

Los platos sucios se empaquetaron sin limpiarlos ni secarlos.

Beskidt service blev pakket uden at være blevet rengjort eller tørret overhovedet.

Mercedes revoloteaba por todos lados, hablando, corrigiendo y entrometiéndose constantemente.

Mercedes flagrede rundt, snakkede, rettede og blandede sig konstant.

Cuando le ponían un saco en el frente, ella insistía en que lo pusieran en la parte de atrás.

Da en sæk blev placeret på forsiden, insisterede hun på, at den skulle på bagsiden.

Metió la bolsa en el fondo y al siguiente momento la necesitó.

Hun pakkede sækken i bunden, og i næste øjeblik havde hun brug for den.

De esta manera, el trineo fue desempaquetado nuevamente para alcanzar la bolsa específica.

Så blev slæden pakket ud igen for at nå den ene specifikke taske.

Cerca de allí, tres hombres estaban parados afuera de una tienda de campaña, observando cómo se desarrollaba la escena.

I nærheden stod tre mænd uden for et telt og så på, hvad der skete.

Sonrieron, guiñaron el ojo y sonrieron ante la evidente confusión de los recién llegados.

De smilede, blinkede og grinede ad de nyankomnes åbenlyse forvirring.

"Ya tienes una carga bastante pesada", dijo uno de los hombres.

"Du har allerede en rigtig tung last," sagde en af mændene.

"No creo que debas llevar esa tienda de campaña, pero es tu elección".

"Jeg synes ikke, du skal bære det telt, men det er dit valg."

"¡Inimaginable!", exclamó Mercedes levantando las manos con desesperación.

"Udrømt!" udbrød Mercedes og slog hænderne i vejret i fortvivlelse.

"¿Cómo podría viajar sin una tienda de campaña donde refugiarme?"

"Hvordan skulle jeg dog kunne rejse uden et telt at overnatte i?"

"Es primavera, ya no volverás a ver el frío", respondió el hombre.

"Det er forår – du får ikke koldt vejr at se igen," svarede manden.

Pero ella meneó la cabeza y ellos siguieron apilando objetos en el trineo.

Men hun rystede på hovedet, og de blev ved med at stable genstande på slæden.

La carga se elevó peligrosamente a medida que añadían los últimos elementos.

Byrden tårnede sig faretruende højt, da de tilføjede de sidste ting.

"¿Crees que el trineo se deslizará?" preguntó uno de los hombres con mirada escéptica.

"Tror du, at slæden kan køre?" spurgte en af mændene med et skeptisk blik.

"¿Por qué no debería?", replicó Charles con gran fastidio.

„Hvorfor skulle det ikke?" svarede Charles skarpt irriteret.

—Está bien —dijo rápidamente el hombre, alejándose un poco de la ofensa.

"Åh, det er i orden," sagde manden hurtigt og bakkede væk fra fornærmelsen.

"Solo me preguntaba, me pareció que tenía la parte superior demasiado pesada".

"Jeg var bare nysgerrig – den så bare lidt for tung ud for mig."

Charles se dio la vuelta y ató la carga lo mejor que pudo.

Charles vendte sig væk og bandt byrden fast så godt han kunne.

Pero las ataduras estaban sueltas y el embalaje en general estaba mal hecho.

Men surringerne var løse, og pakningen generelt dårligt udført.

"Claro, los perros tirarán de eso todo el día", dijo otro hombre con sarcasmo.

"Jo, hundene vil trække i den hele dagen," sagde en anden mand sarkastisk.

—Por supuesto —respondió Hal con frialdad, agarrando el largo palo del trineo.

"Selvfølgelig," svarede Hal koldt og greb fat i slædens lange gee-stang.

Con una mano en el poste, blandía el látigo con la otra.

Med den ene hånd på stangen svingede han pisken i den anden.

"¡Vamos!", gritó. "¡Muévanse!", instando a los perros a empezar.

"Lad os gå!" råbte han. "Flyt dig!" og opfordrede hundene til at komme i gang.

Los perros se inclinaron hacia el arnés y se tensaron durante unos instantes.

Hundene lænede sig ind i selen og anstrengte sig i et par øjeblikke.

Entonces se detuvieron, incapaces de mover ni un centímetro el trineo sobrecargado.

Så stoppede de, ude af stand til at rokke den overlæssede slæde en centimeter.

—¡Esos brutos perezosos! —gritó Hal, levantando el látigo para golpearlos.

"De dovne bøller!" råbte Hal og løftede pisken for at slå dem.

Pero Mercedes entró corriendo y le arrebató el látigo de las manos a Hal.

Men Mercedes skyndte sig ind og greb pisken fra Hals hænder.

—Oh, Hal, no te atrevas a hacerles daño —gritó alarmada.

"Åh, Hal, du må ikke vove at gøre dem fortræd," råbte hun forskrækket.

"Prométeme que serás amable con ellos o no daré un paso más".

"Lov mig, at du vil være god ved dem, ellers går jeg ikke et skridt videre."

—No sabes nada de perros —le espetó Hal a su hermana.

"Du ved ingenting om hunde," snerrede Hal ad sin søster.

"Son perezosos y la única forma de moverlos es azotándolos".

"De er dovne, og den eneste måde at flytte dem på er at piske dem."

"Pregúntale a cualquiera, pregúntale a uno de esos hombres de allí si dudas de mí".

"Spørg hvem som helst – spørg en af de mænd derovre, hvis du tvivler på mig."

Mercedes miró a los espectadores con ojos suplicantes y llorosos.

Mercedes så på tilskuerne med bedende, tårevædede øjne.

Su rostro mostraba lo profundamente que odiaba ver cualquier dolor.

Hendes ansigt viste, hvor dybt hun hadede synet af enhver form for smerte.

"Están débiles, eso es todo", dijo un hombre. "Están agotados".

"De er svage, det er det hele," sagde en mand. "De er udmattede."

"Necesitan descansar, han trabajado demasiado tiempo sin descansar".

"De har brug for hvile – de har arbejdet for længe uden pause."

—Maldito sea el resto —murmuró Hal con el labio curvado.

"Forbandet være resten," mumlede Hal med sammenkrøllet læbe.

Mercedes jadeó, visiblemente dolida por la grosera palabra que pronunció.

Mercedes gispede, tydeligt forpint af hans grove ord.

Aún así, ella se mantuvo leal y defendió instantáneamente a su hermano.

Alligevel forblev hun loyal og forsvarede straks sin bror.

—No le hagas caso a ese hombre —le dijo a Hal—. Son nuestros perros.

"Du skal ikke bekymre dig om den mand," sagde hun til Hal. "De er vores hunde."

"Los conduces como mejor te parezca, haz lo que creas correcto".

"Du kører dem, som du finder passende – gør, hvad du synes er rigtigt."

Hal levantó el látigo y volvió a golpear a los perros sin piedad.

Hal løftede pisken og slog hundene igen uden nåde.

Se lanzaron hacia adelante, con el cuerpo agachado y los pies hundidos en la nieve.

De sprang fremad, med kroppe sænket ned, fødderne presset ned i sneen.

Ponían toda su fuerza en tirar, pero el trineo no se movía.

Al deres kraft gik i træk, men slæden bevægede sig ikke.

El trineo quedó atascado, como un ancla congelada en la nieve compacta.

Slæden sad fast, som et anker frosset fast i den pakket sne.

Tras un segundo esfuerzo, los perros se detuvieron de nuevo, jadeando con fuerza.

Efter en anden indsats stoppede hundene igen, gispende.

Hal levantó el látigo una vez más, justo cuando Mercedes interfirió nuevamente.

Hal løftede pisken endnu engang, lige da Mercedes blandede sig igen.

Ella cayó de rodillas frente a Buck y abrazó su cuello.

Hun faldt på knæ foran Buck og omfavnede hans hals.

Las lágrimas llenaron sus ojos mientras le suplicaba al perro exhausto.

Tårer fyldte hendes øjne, mens hun tryglede den udmattede hund.

"Pobres queridos", dijo, "¿por qué no tiran más fuerte?"

"I stakkels kære," sagde hun, "hvorfor trækker I ikke bare hårdere?"

"Si tiras, no te azotarán así".

"Hvis du trækker, så bliver du ikke pisket sådan her."

A Buck no le gustaba Mercedes, pero estaba demasiado cansado para resistirse a ella ahora.

Buck kunne ikke lide Mercedes, men han var for træt til at modsætte sig hende nu.

Él aceptó sus lágrimas como una parte más de ese día miserable.

Han accepterede hendes tårer som blot endnu en del af den elendige dag.

Uno de los hombres que observaban finalmente habló después de contener su ira.

En af de tilskuende mænd talte endelig efter at have holdt sin vrede tilbage.

"No me importa lo que les pase a ustedes, pero esos perros importan".

"Jeg er ligeglad med, hvad der sker med jer, men de hunde betyder noget."

"Si quieres ayudar, suelta ese trineo: está congelado hasta la nieve".

"Hvis du vil hjælpe, så bræk den slæde løs – den er frosset fast i sneen."

"Presiona con fuerza el polo G, derecha e izquierda, y rompe el sello de hielo".

"Tryk hårdt på isstangen, til højre og venstre, og bryd isforseglingen."

Se hizo un tercer intento, esta vez siguiendo la sugerencia del hombre.

Et tredje forsøg blev gjort, denne gang efter mandens forslag.

Hal balanceó el trineo de un lado a otro, soltando los patines.

Hal rokkede slæden fra side til side, så mederne fik løs.

El trineo, aunque sobrecargado y torpe, finalmente avanzó con dificultad.

Slæden, selvom den var overlæsset og klodset, bevægede sig endelig fremad.

Buck y los demás tiraron salvajemente, impulsados por una tormenta de latigazos.

Buck og de andre trak vildt tilbage, drevet af en storm af piskesmæld.

Cien metros más adelante, el sendero se curvaba y descendía hacia la calle.

Hundrede meter fremme snoede stien sig og skrånede ned i gaden.

Se hubiera necesitado un conductor habilidoso para mantener el trineo en posición vertical.

Det ville have krævet en dygtig kusk at holde slæden oprejst.

Hal no era hábil y el trineo se volcó al girar en la curva.

Hal var ikke dygtig, og slæden vippede, da den svingede rundt om svinget.

Las ataduras sueltas cedieron y la mitad de la carga se derramó sobre la nieve.

Løse surringer gav efter, og halvdelen af lasten spildtes ud på sneen.

Los perros no se detuvieron; el trineo, más ligero, siguió volando de lado.

Hundene stoppede ikke; den lettere slæde fløj afsted på siden.

Enojados por el abuso y la pesada carga, los perros corrieron más rápido.

Vrede over mishandling og den tunge byrde løb hundene hurtigere.

Buck, furioso, echó a correr, con el equipo siguiéndolo detrás.

Buck, i raseri, begyndte at løb, med holdet i hælene.

Hal gritó "¡Guau! ¡Guau!", pero el equipo no le hizo caso.

Hal råbte "Whoa! Whoa!" men holdet lagde ikke mærke til ham.

Tropezó, cayó y fue arrastrado por el suelo por el arnés.

Han snublede, faldt og blev slæbt hen over jorden af selen.

El trineo volcado saltó sobre él mientras los perros corrían delante.

Den væltede slæde stødte ind over ham, mens hundene løb videre.

El resto de los suministros se dispersaron por la concurrida calle de Skaguay.

Resten af forsyningerne spredte sig over Skaguays travle gade.

La gente bondadosa se apresuró a detener a los perros y recoger el equipo.

Venlige mennesker skyndte sig at stoppe hundene og samle udstyret.

También dieron consejos, contundentes y prácticos, a los nuevos viajeros.

De gav også råd, direkte og praktiske, til de nye rejsende.

"Si quieres llegar a Dawson, lleva la mitad de la carga y el doble de perros".

"Hvis du vil nå Dawson, så tag halvdelen af læsset og fordobl antallet af hunde."

Hal, Charles y Mercedes escucharon, aunque no con entusiasmo.

Hal, Charles og Mercedes lyttede, dog ikke med entusiasme.

Instalaron su tienda de campaña y comenzaron a clasificar sus suministros.

De slog deres telt op og begyndte at sortere deres forsyninger.

Salieron alimentos enlatados, lo que hizo reír a carcajadas a los espectadores.

Ud kom dåsevarer, hvilket fik tilskuerne til at grine højt.

"¿Enlatado en el camino? Te morirás de hambre antes de que se derrita", dijo uno.

"Dåsesager på stien? Du kommer til at sulte, før det smelter," sagde en af dem.

¿Mantas de hotel? Mejor tíralas todas.

"Hoteltæpper? Du er bedre tjent med at smide dem alle ud."

"Si también deshazte de la tienda de campaña, aquí nadie lava los platos".

"Smid også teltet væk, og så vasker ingen op her."

¿Crees que estás viajando en un tren Pullman con sirvientes a bordo?

"Tror du, du kører med et Pullman-tog med tjenere om bord?"

El proceso comenzó: todos los objetos inútiles fueron arrojados a un lado.

Processen begyndte – alle ubrugelige genstande blev smidt til side.

Mercedes lloró cuando sus maletas fueron vaciadas en el suelo nevado.

Mercedes græd, da hendes tasker blev tømt ud på den snedækkede jord.

Ella sollozaba por cada objeto que tiraba, uno por uno, sin pausa.

Hun hulkede over hver eneste genstand, der blev smidt ud, en efter en, uden pause.

Ella juró no dar un paso más, ni siquiera por diez Charleses.

Hun svor ikke at gå et skridt mere – ikke engang for ti Karle.

Ella le rogó a cada persona cercana que le permitiera conservar sus cosas preciosas.

Hun tryglede alle i nærheden om at lade hende beholde sine dyrebare ting.

Por último, se secó los ojos y comenzó a arrojar incluso la ropa más importante.

Endelig tørrede hun øjnene og begyndte at kaste selv det vigtigste tøj.

Cuando terminó con los suyos, comenzó a vaciar los suministros de los hombres.

Da hun var færdig med sine egne, begyndte hun at tømme mændenes forsyninger.

Como un torbellino, destrozó las pertenencias de Charles y Hal.

Som en hvirvelvind rev hun sig igennem Charles og Hals ejendele.

Aunque la carga se redujo a la mitad, todavía era mucho más pesada de lo necesario.

Selvom belastningen blev halveret, var den stadig langt tungere end nødvendigt.

Esa noche, Charles y Hal salieron y compraron seis perros nuevos.

Den aften gik Charles og Hal ud og købte seks nye hunde.

Estos nuevos perros se unieron a los seis originales, además de Teek y Koona.

Disse nye hunde sluttede sig til de oprindelige seks, plus Teek og Koona.

Juntos formaron un equipo de catorce perros enganchados al trineo.

Sammen udgjorde de et spand på fjorten hunde spændt for slæden.

Pero los nuevos perros no eran aptos y estaban mal entrenados para el trabajo con trineos.

Men de nye hunde var uegnede og dårligt trænede til slædearbejde.

Tres de los perros eran pointers de pelo corto y uno era un Terranova.

Tre af hundene var korthårede pointere, og en var en newfoundlænder.

Los dos últimos perros eran mestizos, sin ninguna raza ni propósito claros.

De to sidste hunde var mutts uden nogen klar race eller formål overhovedet.

No entendieron el camino y no lo aprendieron rápidamente.

De forstod ikke ruten, og de lærte den ikke hurtigt.

Buck y sus compañeros los miraron con desprecio y profunda irritación.

Buck og hans venner så på dem med hån og dyb irritation.

Aunque Buck les enseñó lo que no debían hacer, no podía enseñarles cuál era el deber.

Selvom Buck lærte dem, hvad de ikke skulle gøre, kunne han ikke lære dem pligt.

No se adaptaron bien a la vida en senderos ni al tirón de las riendas y los trineos.

De trivedes ikke med livet på vandrestier eller trækket i tøjler og slæder.

Sólo los mestizos intentaron adaptarse, e incluso a ellos les faltó espíritu de lucha.

Kun blandingsdyrene forsøgte at tilpasse sig, og selv de manglede kampgejst.

Los demás perros estaban confundidos, debilitados y destrozados por su nueva vida.

De andre hunde var forvirrede, svækkede og knuste af deres nye liv.

Con los nuevos perros desorientados y los viejos exhaustos, la esperanza era escasa.

Med de nye hunde uvidende og de gamle udmattede, var håbet tyndt.

El equipo de Buck había recorrido dos mil quinientas millas de senderos difíciles.

Bucks hold havde tilbagelagt 2500 kilometer ujævn sti.

Aún así, los dos hombres estaban alegres y orgullosos de su gran equipo de perros.

Alligevel var de to mænd muntre og stolte af deres store hundespand.

Creían que viajaban con estilo, con catorce perros enganchados.

De troede, de rejste med stil, med fjorten hunde spændt.

Habían visto trineos partir hacia Dawson y otros llegar desde allí.

De havde set slæder afgå til Dawson, og andre ankomme derfra.

Pero nunca habían visto uno tirado por tantos catorce perros.

Men aldrig havde de set en trukket af så mange som fjorten hunde.

Había una razón por la que equipos como ese eran raros en el desierto del Ártico.

Der var en grund til, at sådanne hold var sjældne i den arktiske vildmark.

Ningún trineo podría transportar suficiente comida para alimentar a catorce perros durante el viaje.

Ingen slæde kunne bære nok mad til at brødføde fjorten hunde på turen.

Pero Charles y Hal no lo sabían: habían hecho los cálculos.

Men det vidste Charles og Hal ikke – de havde regnet det ud.

Planificaron la comida: tanta cantidad por perro, tantos días, y listo.

De skrev maden ned med blyant: så meget pr. hund, så mange dage, færdig.

Mercedes miró sus figuras y asintió como si tuviera sentido.

Mercedes kiggede på deres tal og nikkede, som om det gav mening.

Todo le parecía muy sencillo, al menos en el papel.

Det virkede alt sammen meget simpelt for hende, i hvert fald på papiret.

A la mañana siguiente, Buck guió al equipo lentamente por la calle nevada.

Næste morgen førte Buck langsomt holdet op ad den snedækkede gade.

No había energía ni espíritu en él ni en los perros detrás de él.

Der var ingen energi eller gejst i ham eller hundene bag ham.

Estaban muertos de cansancio desde el principio: no les quedaban reservas.

De var dødtrætte fra starten – der var ingen reserve tilbage.

Buck ya había hecho cuatro viajes entre Salt Water y Dawson.

Buck havde allerede foretaget fire ture mellem Salt Water og Dawson.

Ahora, enfrentado nuevamente el mismo desafío, no sentía nada más que amargura.

Nu, konfronteret med det samme spor igen, følte han intet andet end bitterhed.

Su corazón no estaba en ello, ni tampoco el corazón de los otros perros.

Hans hjerte var ikke med i det, og det var de andre hundes hjerter heller ikke.

Los nuevos perros eran tímidos y los huskies carecían de confianza.

De nye hunde var sky, og huskyerne manglede al tillid.

Buck sintió que no podía confiar en estos dos hombres ni en su hermana.

Buck fornemmede, at han ikke kunne stole på disse to mænd eller deres søster.

No sabían nada y no mostraron señales de aprender en el camino.

De vidste ingenting og viste ingen tegn på at lære undervejs.

Estaban desorganizados y carecían de cualquier sentido de disciplina.

De var uorganiserede og manglede enhver form for disciplin.

Les tomó media noche montar un campamento descuidado cada vez.

Det tog dem en halv nat at slå en sjusket lejr op hver gang.

Y la mitad de la mañana siguiente la pasaron otra vez jugueteando con el trineo.

Og halvdelen af den næste morgen tilbragte de med at fumle med slæden igen.

Al mediodía, a menudo se detenían simplemente para arreglar la carga desigual.

Ved middagstid stoppede de ofte bare for at ordne den ujævne last.

Algunos días, viajaron menos de diez millas en total.

På nogle dage rejste de mindre end ti kilometer i alt.

Otros días ni siquiera conseguían salir del campamento.

Andre dage lykkedes det dem slet ikke at forlade lejren.

Nunca llegaron a cubrir la distancia alimentaria planificada.

De kom aldrig i nærheden af at tilbagelægge den planlagte afstand mellem fødevarer.

Como era de esperar, muy rápidamente se quedaron sin comida para los perros.

Som forventet løb de meget hurtigt tør for mad til hundene.

Empeoró las cosas sobrealimentándolos en los primeros días.

De forværrede tingene ved at overfodre i de tidlige dage.

Esto acercaba la hambruna con cada ración descuidada.

Dette bragte sulten nærmere med hver skødesløs rationering.

Los nuevos perros no habían aprendido a sobrevivir con muy poco.

De nye hunde havde ikke lært at overleve på meget lidt.

Comieron con hambre, con apetitos demasiado grandes para el camino.

De spiste sultne, med en appetit der var for stor til ruten.

Al ver que los perros se debilitaban, Hal creyó que la comida no era suficiente.

Da Hal så hundene blive svagere, mente han, at maden ikke var nok.

Duplicó las raciones, empeorando aún más el error.

Han fordoblede rationerne, hvilket gjorde fejlen endnu værre.

Mercedes añadió más problemas con lágrimas y suaves súplicas.

Mercedes forværrede problemet med tårer og sagte bønfaldelser.

Cuando no pudo convencer a Hal, alimentó a los perros en secreto.

Da hun ikke kunne overbevise Hal, fodrede hun hundene i hemmelighed.

Ella robó de los sacos de pescado y se lo dio a sus espaldas.

Hun stjal fra fiskesækkene og gav det til dem bag hans ryg.

Pero lo que los perros realmente necesitaban no era más comida: era descanso.

Men det hundene virkelig havde brug for, var ikke mere mad – det var hvile.

Iban a poca velocidad, pero el pesado trineo aún seguía avanzando.

De havde dårlig tid, men den tunge slæde slæbte stadig ud.

Ese peso solo les quitaba las fuerzas que les quedaban cada día.

Alene den vægt drænede deres resterende styrke hver dag.

Luego vino la etapa de desalimentación ya que los suministros escasearon.

Så kom stadiet med underfodring, da forsyningerne slap op.

Una mañana, Hal se dio cuenta de que la mitad de la comida para perros ya había desaparecido.

En morgen indså Hal, at halvdelen af hundefoderet allerede var væk.

Sólo habían recorrido una cuarta parte de la distancia total del recorrido.

De havde kun tilbagelagt en fjerdedel af den samlede distance på ruten.

No se podía comprar más comida por ningún precio que se ofreciera.

Der kunne ikke købes mere mad, uanset hvilken pris der blev tilbudt.

Redujo las raciones de los perros por debajo de la ración diaria estándar.

Han reducerede hundenes portioner til under den daglige standardration.

Al mismo tiempo, exigió viajes más largos para compensar las pérdidas.

Samtidig krævede han længere rejsetid for at kompensere for tabet.

Mercedes y Carlos apoyaron este plan, pero fracasaron en su ejecución.

Mercedes og Charles støttede denne plan, men den mislykkedes i udførelsen.

Su pesado trineo y su falta de habilidad hicieron que el avance fuera casi imposible.

Deres tunge slæde og mangel på færdigheder gjorde fremskridt næsten umuligt.

Era fácil dar menos comida, pero imposible forzar más esfuerzo.

Det var nemt at give mindre mad, men umuligt at tvinge frem mere.

No podían salir temprano ni tampoco viajar horas extras.

De kunne ikke starte tidligt, og de kunne heller ikke rejse i ekstra timer.

No sabían cómo trabajar con los perros, ni tampoco ellos mismos.

De vidste ikke, hvordan man skulle arbejde med hundene, og heller ikke sig selv for den sags skyld.

El primer perro que murió fue Dub, el desafortunado pero trabajador ladrón.

Den første hund, der døde, var Dub, den uheldige, men hårdtarbejdende tyv.

Aunque a menudo lo castigaban, Dub había hecho su parte sin quejarse.

Selvom Dub ofte blev straffet, havde han klaret sin del uden at klage.

Su hombro lesionado empeoró sin cuidados ni necesidad de descanso.

Hans skadede skulder blev værre uden pleje eller behov for hvile.

Finalmente, Hal usó el revólver para acabar con el sufrimiento de Dub.

Endelig brugte Hal revolveren til at afslutte Dubs lidelse.

Un dicho común afirma que los perros normales mueren con raciones para perros esquimales.

Et almindeligt ordsprog hævdede, at normale hunde dør af husky-rationer.

Los seis nuevos compañeros de Buck tenían sólo la mitad de la porción de comida del husky.

Bucks seks nye ledsagere fik kun halvdelen af huskyens andel af mad.

Primero murió el Terranova y después los tres bracos de pelo corto.

Newfoundlænderen døde først, derefter de tre korthårede pointerhunde.

Los dos mestizos resistieron más tiempo pero finalmente perecieron como el resto.

De to blandingsdyr holdt ud længere, men omkom til sidst ligesom de andre.

Para entonces, todas las comodidades y la dulzura de Southland habían desaparecido.

På dette tidspunkt var alle Sydlandets bekvemmeligheder og blidhed væk.

Las tres personas habían perdido los últimos vestigios de su educación civilizada.

De tre mennesker havde lagt de sidste spor af deres civiliserede opvækst fra sig.

Despojado de glamour y romance, el viaje al Ártico se volvió brutalmente real.

Strippet for glamour og romantik blev arktiske rejser brutalt virkelige.

Era una realidad demasiado dura para su sentido de masculinidad y feminidad.

Det var en virkelighed, der var for hård for deres sans for mandighed og kvindelighed.

Mercedes ya no lloraba por los perros, ahora lloraba sólo por ella misma.

Mercedes græd ikke længere over hundene, men nu kun over sig selv.

Pasó su tiempo llorando y peleando con Hal y Charles.

Hun brugte sin tid på at græde og skændes med Hal og Charles.

Pelear era lo único que nunca estaban demasiado cansados para hacer.

At skændes var det eneste, de aldrig var for trætte til at gøre.

Su irritabilidad surgió de la miseria, creció con ella y la superó.

Deres irritabilitet kom fra elendighed, voksede med den og overgik den.

La paciencia del camino, conocida por quienes trabajan y sufren con bondad, nunca llegó.

Stiens tålmodighed, kendt af dem, der slider og lider venligt, kom aldrig.

Esa paciencia que conserva dulce la palabra a pesar del dolor les era desconocida.

Den tålmodighed, som holder talen sød gennem smerte, var ukendt for dem.

No tenían ni un ápice de paciencia ni la fuerza que suponía sufrir con gracia.

De havde ingen antydning af tålmodighed, ingen styrke hentet fra lidelse med nåde.

Estaban rígidos por el dolor: les dolían los músculos, los huesos y el corazón.

De var stive af smerter – de havde smerter i muskler, knogler og hjerter.

Por eso se volvieron afilados de lengua y rápidos para usar palabras ásperas.

På grund af dette blev de skarpe i tungen og hurtige til hårde ord.

Cada día comenzaba y terminaba con voces enojadas y amargas quejas.

Hver dag begyndte og sluttede med vrede stemmer og bitre klager.

Charles y Hal discutían cada vez que Mercedes les daba una oportunidad.

Charles og Hal skændtes, hver gang Mercedes gav dem en chance.

Cada hombre creía que hacía más de lo que le correspondía en el trabajo.

Hver mand mente, at han udførte mere end sin rimelige andel af arbejdet.

Ninguno de los dos perdió la oportunidad de decirlo una y otra vez.

Ingen af dem gik nogensinde glip af en chance for at sige det igen og igen.

A veces Mercedes se ponía del lado de Charles, a veces del lado de Hal.

Nogle gange tog Mercedes parti for Charles, andre gange for Hal.

Esto dio lugar a una gran e interminable disputa entre los tres.

Dette førte til et stort og endeløst skænderi mellem de tre.

Una disputa sobre quién debería cortar leña se salió de control.

En strid om, hvem der skulle hugge brænde, voksede ud af kontrol.

Pronto se nombraron padres, madres, primos y parientes muertos.

Snart blev fædre, mødre, fætre og kusiner og afdøde slægtninge navngivet.

Las opiniones de Hal sobre el arte o las obras de su tío se convirtieron en parte de la pelea.

Hals synspunkter på kunst eller hans onkels skuespil blev en del af kampen.

Las creencias políticas de Charles también entraron en el debate.

Charles' politiske overbevisninger kom også ind i debatten.

Para Mercedes, incluso los chismes de la hermana de su marido parecían relevantes.

For Mercedes virkede selv hendes mands søsters sladder relevant.

Ella expresó sus opiniones sobre eso y sobre muchos de los defectos de la familia de Charles.

Hun luftede meninger om det og om mange af Charles' families fejl.

Mientras discutían, el fuego permaneció apagado y el campamento medio montado.

Mens de skændtes, forblev bålet slukket, og lejren var halvt optændt.

Mientras tanto, los perros permanecieron fríos y sin comida.

I mellemtiden forblev hundene kolde og uden mad.

Mercedes tenía un motivo de queja que consideraba profundamente personal.

Mercedes havde en klage, hun anså for at være dybt personlig.

Se sintió maltratada como mujer, negándole sus privilegios de gentileza.

Hun følte sig mishandlet som kvinde, nægtet sine blide privilegier.

Ella era bonita y dulce, y acostumbrada a la caballerosidad toda su vida.

Hun var smuk og blød, og hun var vant til ridderlighed hele sit liv.

Pero su marido y su hermano ahora la trataban con impaciencia.

Men hendes mand og bror behandlede hende nu med utålmodighed.

Su costumbre era actuar con impotencia y comenzaron a quejarse.

Hendes vane var at opføre sig hjælpeløst, og de begyndte at klage.

Ofendida por esto, les hizo la vida aún más difícil.

Fornærmet over dette gjorde hun deres liv endnu vanskeligere.

Ella ignoró a los perros e insistió en montar ella misma el trineo.

Hun ignorerede hundene og insisterede på at køre på slæden selv.

Aunque parecía ligera de aspecto, pesaba ciento veinte libras.

Selvom hun var let af udseende, vejede hun 45 kg.

Esa carga adicional era demasiado para los perros hambrientos y débiles.

Den ekstra byrde var for meget for de sultende, svage hunde.

Aún así, ella cabalgó durante días, hasta que los perros se desplomaron en las riendas.

Alligevel red hun i dagevis, indtil hundene kollapsede i tøjlerne.

El trineo se detuvo y Charles y Hal le rogaron que caminara.

Slæden stod stille, og Charles og Hal tryglede hende om at gå.

Ellos suplicaron y rogaron, pero ella lloró y los llamó crueles.

De tryglede og tryglede, men hun græd og kaldte dem grusomme.

En una ocasión la sacaron del trineo con pura fuerza y enojo.

Ved en lejlighed trak de hende af slæden med ren kraft og vrede.

Nunca volvieron a intentarlo después de lo que pasó aquella vez.

De prøvede aldrig igen efter det, der skete dengang.

Ella se quedó flácida como un niño mimado y se sentó en la nieve.

Hun haltede som et forkælet barn og satte sig i sneen.

Ellos siguieron adelante, pero ella se negó a levantarse o seguirlos.

De gik videre, men hun nægtede at rejse sig eller følge efter.

Después de tres millas, se detuvieron, regresaron y la llevaron de regreso.

Efter tre kilometer stoppede de, vendte tilbage og bar hende tilbage.

La volvieron a cargar en el trineo, nuevamente usando la fuerza bruta.

De lastede hende igen på slæden, igen med rå styrke.

En su profunda miseria, fueron insensibles al sufrimiento de los perros.

I deres dybe elendighed var de ufølsomme over for hundenes lidelse.

Hal creía que uno debía endurecerse y forzar esa creencia a los demás.

Hal mente, at man skal forhærdes, og påtvang andre den overbevisning.

Primero intentó predicar su filosofía a su hermana.

Han forsøgte først at prædike sin filosofi til sin søster

y luego, sin éxito, le predicó a su cuñado.

og så prædikede han uden held for sin svoger.

Tuvo más éxito con los perros, pero sólo porque los lastimaba.

Han havde mere succes med hundene, men kun fordi han gjorde dem fortræd.

En Five Fingers, la comida para perros se quedó completamente sin comida.

Hos Five Fingers løb hundefoderet helt tør for mad.

Una vieja india desdentada vendió unas cuantas libras de cuero de caballo congelado

En tandløs gammel squat solgte et par pund frossen hesteskind

Hal cambió su revólver por la piel de caballo seca.

Hal byttede sin revolver for det tørrede hesteskind.

La carne había procedido de caballos hambrientos de ganaderos meses antes.

Kødet var kommet fra udsultede heste eller kvægavlere måneder tidligere.

Congelada, la piel era como hierro galvanizado: dura y incomestible.

Frossen var huden som galvaniseret jern; sej og uspiselig.

Los perros tenían que masticar sin parar la piel para poder comérsela.

Hundene måtte tygge uendeligt på skindet for at spise det.

Pero las cuerdas correosas y el pelo corto no constituían apenas alimento.

Men de læderagtige strenge og det korte hår var næppe næring.

La mayor parte de la piel era irritante y no era alimento en ningún sentido estricto.

Det meste af huden var irriterende, og ikke mad i nogen egentlig forstand.

Y durante todo ese tiempo, Buck se tambaleaba al frente, como en una pesadilla.

Og gennem det hele vaklede Buck forrest, som i et mareridt.

Tiraba cuando podía, y cuando no, se quedaba tendido hasta que un látigo o un garrote lo levantaban.

Han trak, når han kunne; når han ikke kunne, lå han, indtil pisk eller kølle løftede ham.

Su fino y brillante pelaje había perdido toda la rigidez y brillo que alguna vez tuvo.

Hans fine, skinnende pels havde mistet al den stivhed og glans, den engang havde.

Su cabello colgaba lacio, enmarañado y cubierto de sangre seca por los golpes.

Hans hår hang slapt, slæbt og klumpet af indtørret blod fra slagene.

Sus músculos se encogieron hasta convertirse en cuerdas y sus almohadillas de carne estaban todas desgastadas.

Hans muskler skrumpede ind til strenge, og hans kødpuder var alle slidt væk.

Cada costilla, cada hueso se veía claramente a través de los pliegues de la piel arrugada.

Hvert ribben, hver knogle viste sig tydeligt gennem folder af rynket hud.

Fue desgarrador, pero el corazón de Buck no podía romperse.

Det var hjerteskærende, men Bucks hjerte kunne ikke knuses.

El hombre del suéter rojo lo había probado y demostrado hacía mucho tiempo.

Manden i den røde sweater havde testet det og bevist det for længe siden.

Tal como sucedió con Buck, sucedió con el resto de sus compañeros de equipo.

Som det var med Buck, sådan var det også med alle hans resterende holdkammerater.

Eran siete en total, cada uno de ellos un esqueleto andante de miseria.

Der var syv i alt, hver af dem et vandrende skelet af elendighed.

Se habían vuelto insensibles a los latigazos y solo sentían un dolor distante.

De var blevet følelsesløse til at piske og følte kun fjern smerte.

Incluso la vista y el sonido les llegaban débilmente, como a través de una espesa niebla.

Selv syn og lyd nåede dem svagt, som gennem en tæt tåge.

No estaban ni medio vivos: eran huesos con tenues chispas en su interior.

De var ikke halvt levende – de var knogler med svage gnister indeni.

Al detenerse, se desplomaron como cadáveres y sus chispas casi desaparecieron.

Da de stoppede, kollapsede de som lig, deres gnister næsten ude.

Y cuando el látigo o el garrote volvían a golpear, las chispas revoloteaban débilmente.

Og når pisken eller køllen slog igen, blafrede gnisterne svagt.

Entonces se levantaron, se tambalearon hacia adelante y arrastraron sus extremidades hacia delante.

Så rejste de sig, vaklede fremad og slæbte deres lemmer frem.

Un día el amable Billee se cayó y ya no pudo levantarse.

En dag faldt den venlige Billee og kunne slet ikke rejse sig længere.

Hal había cambiado su revólver, por lo que utilizó un hacha para matar a Billee.

Hal havde byttet sin revolver, så han brugte en økse til at dræbe Billee i stedet.

Lo golpeó en la cabeza, luego le cortó el cuerpo y se lo llevó arrastrado.

Han slog ham i hovedet, skar derefter hans krop fri og slæbte den væk.

Buck vio esto, y también los demás; sabían que la muerte estaba cerca.

Buck så dette, og det gjorde de andre også; de vidste, at døden var nær.

Al día siguiente Koona se fue, dejando sólo cinco perros en el equipo hambriento.

Næste dag tog Koona afsted og efterlod kun fem hunde i det sultende hold.

Joe, que ya no era malo, estaba demasiado perdido como para darse cuenta de gran cosa.

Joe, der ikke længere var ond, var for langt væk til overhovedet at være opmærksom på ret meget.

Pike, que ya no fingía su lesión, estaba apenas consciente.

Pike, der ikke længere foregav sin skade, var knap nok ved bevidsthed.

Solleks, todavía fiel, lamentó no tener fuerzas para dar.

Solleks, stadig trofast, sørgede over, at han ikke havde nogen styrke at give.

Teek fue el que más perdió porque estaba más fresco, pero su rendimiento se estaba agotando rápidamente.

Teek blev mest slået fordi han var friskere, men falmede hurtigt.

Y Buck, todavía a la cabeza, ya no mantenía el orden ni lo hacía cumplir.

Og Buck, der stadig var i føringen, holdt ikke længere orden eller håndhævede den.

Medio ciego por la debilidad, Buck siguió el rastro sólo por el tacto.

Halvblind af svaghed fulgte Buck sporet alene ved at føle.

Era un hermoso clima primaveral, pero ninguno de ellos lo notó.

Det var smukt forårsvejr, men ingen af dem bemærkede det.

Cada día el sol salía más temprano y se ponía más tarde que el anterior.

Hver dag stod solen op tidligere og gik ned senere end før.

A las tres de la mañana ya había amanecido; el crepúsculo duró hasta las nueve.

Klokken tre om morgenen var det daggry, og tusmørket varede til klokken ni.

Los largos días estuvieron llenos del resplandor del sol primaveral.

De lange dage var fyldt med det fulde strålende forårssolskin.

El silencio fantasmal del invierno se había transformado en un cálido murmullo.

Vinterens spøgelsesagtige stilhed var forvandlet til en varm mumlen.

Toda la tierra estaba despertando, viva con la alegría de los seres vivos.

Hele landet vågnede, levende med glæden ved levende ting.

El sonido provenía de lo que había permanecido muerto e inmóvil durante el invierno.

Lyden kom fra det, der havde ligget dødt og stille gennem vinteren.

Ahora, esas cosas se movieron nuevamente, sacudiéndose el largo sueño helado.

Nu bevægede disse ting sig igen og rystede den lange frostsøvn af sig.

La savia subía a través de los oscuros troncos de los pinos que esperaban.

Saften steg op gennem de mørke stammer af de ventende fyrretræer.

Los sauces y los álamos brotan brillantes y jóvenes brotes en cada ramita.

Piletræer og asper springer klare, unge knopper ud på hver kvist.

Los arbustos y las enredaderas se vistieron de un verde fresco a medida que el bosque cobraba vida.

Buske og vinstokke fik frisk grønt, da skoven vågnede til live.

Los grillos cantaban por la noche y los insectos se arrastraban bajo el sol del día.

Fårekyllinger kvidrede om natten, og insekter kravlede i dagslysets sol.

Las perdices graznaban y los pájaros carpinteros picoteaban en lo profundo de los árboles.

Agerhønsene buldrede, og spætter bankede dybt oppe i træerne.

Las ardillas parloteaban, los pájaros cantaban y los gansos graznaban al hablarles a los perros.

Ekorner snakkede, fugle sang, og gæs dyttede over hundene.

Las aves silvestres llegaron en grupos afilados, volando desde el sur.

Vildfuglene kom i skarpe flokke, fløjende op fra syd.

De cada ladera llegaba la música de arroyos ocultos y caudalosos.

Fra hver bjergskråning kom musikken fra skjulte, brusende vandløb.

Todas las cosas se descongelaron y se rompieron, se doblaron y volvieron a ponerse en movimiento.

Alt tøede op og knækkede, bøjede sig og brød tilbage i bevægelse.

El Yukón se esforzó por romper las frías cadenas del hielo congelado.

Yukon anstrengte sig for at bryde den frosne is' kolde kæder.

El hielo se derritió desde abajo, mientras que el sol lo derritió desde arriba.

Isen smeltede nedenunder, mens solen smeltede den ovenfra.

Se abrieron agujeros de aire, se abrieron grietas y algunos trozos cayeron al río.

Lufthuller åbnede sig, revner spredte sig, og klumper faldt i floden.

En medio de toda esta vida frenética y llameante, los viajeros se tambaleaban.

Midt i alt dette sprudlende og flammende liv vaklede de rejsende.

Dos hombres, una mujer y una jauría de perros esquimales caminaban como muertos.

To mænd, en kvinde og en flok huskyer gik som døde.

Los perros caían, Mercedes lloraba, pero seguía montando el trineo.

Hundene faldt, Mercedes græd, men kørte stadig på slæden.

Hal maldijo débilmente y Charles parpadeó con los ojos llorosos.

Hal bandede svagt, og Charles blinkede med løbende øjne.

Se toparon con el campamento de John Thornton junto a la desembocadura del río Blanco.

De snublede ind i John Thorntons lejr ved White Rivers udmunding.

Cuando se detuvieron, los perros cayeron al suelo, como si todos hubieran muerto.

Da de stoppede, faldt hundene flade, som om de alle var døde.

Mercedes se secó las lágrimas y miró a John Thornton.

Mercedes tørrede sine tårer og kiggede over på John Thornton.

Charles se sentó en un tronco, lenta y rígidamente, dolorido por el camino.

Charles sad langsomt og stift på en træstamme, ondt i maven efter stien.

Hal habló mientras Thornton tallaba el extremo del mango de un hacha.

Hal talte, mens Thornton skar enden af et økseskaft ud.

Él tallaba madera de abedul y respondía con respuestas breves y firmes.

Han sliber birketræ og svarede med korte, bestemte svar.

Cuando se le preguntó, dio consejos, seguro de que no serían seguidos.

Da han blev spurgt, gav han et råd, sikker på at det ikke ville blive fulgt.

Hal explicó: "Nos dijeron que el hielo del sendero se estaba desprendiendo".

Hal forklarede: "De fortalte os, at isen på stien var ved at falde væk."

Dijeron que nos quedáramos allí, pero llegamos a White River.

"De sagde, at vi skulle blive her – men vi nåede White River."

Terminó con un tono burlón, como para proclamar la victoria en medio de las dificultades.

Han sluttede med en hånlig tone, som for at gøre krav på sejr i trængsler.

—Y te dijeron la verdad —respondió John Thornton a Hal en voz baja.

"Og de fortalte dig sandheden," svarede John Thornton stille til Hal.

"El hielo puede ceder en cualquier momento; está a punto de desprenderse".

"Isen kan give efter når som helst – den er lige ved at falde af."

"Solo la suerte ciega y los tontos pudieron haber llegado tan lejos con vida".

"Kun blind held og tåber kunne have nået så langt i live."

"Te lo digo directamente: no arriesgaría mi vida ni por todo el oro de Alaska".

"Jeg siger dig ærligt, jeg ville ikke risikere mit liv for alt Alaskas guld."

—Supongo que es porque no eres tonto —respondió Hal.

"Det er vel fordi, du ikke er en tåbe," svarede Hal.

—De todos modos, seguiremos hasta Dawson. —Desenrolló el látigo.

"Alligevel går vi videre til Dawson." Han rullede sin pisk ud.

—¡Sube, Buck! ¡Hola! ¡Sube! ¡Vamos! —gritó con dureza.

"Kom op, Buck! Hej! Kom op! Kom så!" råbte han hårdt.

Thornton siguió tallando madera, sabiendo que los tontos no escucharían razones.

Thornton blev ved med at sniffe, vel vidende at tåber ikke vil høre fornuft.

Detener a un tonto era inútil, y dos o tres tontos no cambiaban nada.

At stoppe en tåbe var nytteløst – og to eller tre narrede ændrede ingenting.

Pero el equipo no se movió ante la orden de Hal.

Men holdet bevægede sig ikke ved lyden af Hals kommando.

A estas alturas, sólo los golpes podían hacerlos levantarse y avanzar.

På nuværende tidspunkt kunne kun slag få dem til at rejse sig og trække sig fremad.

El látigo golpeó una y otra vez a los perros debilitados.

Pisken knaldede igen og igen hen over de svækkede hunde.

John Thornton apretó los labios con fuerza y observó en silencio.

John Thornton pressede læberne tæt og så i stilhed.

Solleks fue el primero en ponerse de pie bajo el látigo.

Solleks var den første, der kravlede op på benene under pisken.

Entonces Teek lo siguió, temblando. Joe gritó al tambalearse.

Så fulgte Teek efter, rystende. Joe gøede, da han snublede op.

Pike intentó levantarse, falló dos veces y finalmente se mantuvo en pie, tambaleándose.

Pike forsøgte at rejse sig, men fejlede to gange, og stod til sidst ustabelt op.

Pero Buck yacía donde había caído, sin moverse en absoluto este momento.

Men Buck lå, hvor han var faldet, og bevægede sig slet ikke denne gang.

El látigo lo golpeaba una y otra vez, pero él no emitía ningún sonido.

Pisken slog ham igen og igen, men han sagde ingen lyd.

Él no se inmutó ni se resistió, simplemente permaneció quieto y en silencio.

Han hverken veg tilbage eller gjorde modstand, men forblev bare stille og rolig.

Thornton se movió más de una vez, como si fuera a hablar, pero no lo hizo.

Thornton rørte sig mere end én gang, som for at tale, men gjorde det ikke.

Sus ojos se humedecieron y el látigo siguió golpeando contra Buck.

Hans øjne blev våde, og pisken knaldede stadig mod Buck.

Finalmente, Thornton comenzó a caminar lentamente, sin saber qué hacer.

Endelig begyndte Thornton at gå langsomt frem og tilbage, usikker på, hvad han skulle gøre.

Era la primera vez que Buck fallaba y Hal se puso furioso.

Det var første gang Buck havde fejlet, og Hal blev rasende.

Dejó el látigo y en su lugar tomó el pesado garrote.

Han kastede pisken fra sig og samlede i stedet den tunge kølle op.

El palo de madera cayó con fuerza, pero Buck todavía no se levantó para moverse.

Trækøllen faldt hårdt ned, men Buck rejste sig stadig ikke for at røre sig.

Al igual que sus compañeros de equipo, era demasiado débil, pero más que eso.

Ligesom sine holdkammerater var han for svag – men mere end det.

Buck había decidido no moverse, sin importar lo que sucediera después.

Buck havde besluttet sig for ikke at flytte sig, uanset hvad der skete derefter.

Sintió algo oscuro y seguro flotando justo delante.

Han følte noget mørkt og sikkert svæve lige forude.

Ese miedo se apoderó de él tan pronto como llegó a la orilla del río.

Den frygt havde grebet ham, så snart han nåede flodbredden.

La sensación no lo había abandonado desde que sintió el hielo fino bajo sus patas.

Følelsen havde ikke forladt ham, siden han havde mærket isen blive tynd under sine poter.

Algo terrible lo esperaba; lo sintió más allá del camino.

Noget forfærdeligt ventede – han mærkede det lige nede ad stien.

No iba a caminar hacia esa cosa terrible que había delante.

Han ville ikke gå mod den forfærdelige ting forude.

Él no iba a obedecer ninguna orden que lo llevara a esa cosa.

Han ville ikke adlyde nogen kommando, der førte ham til den ting.

El dolor de los golpes apenas lo afectaba ahora: estaba demasiado lejos.

Smerten fra slagene rørte ham knap nok nu – han var for langt væk.

La chispa de la vida parpadeaba débilmente y se apagaba bajo cada golpe cruel.

Livsgnisten blafrede lavt, dæmpet under hvert grusomme slag.

Sus extremidades se sentían distantes; su cuerpo entero parecía pertenecer a otro.

Hans lemmer føltes fjerne; hele hans krop syntes at tilhøre en anden.

Sintió un extraño entumecimiento mientras el dolor desapareció por completo.

Han følte en mærkelig følelsesløshed, da smerten forsvandt helt.

Desde lejos, sentía que lo golpeaban, pero apenas lo sabía.

På afstand fornemmede han, at han blev slået, men vidste det knap nok.

Podía oír los golpes débilmente, pero ya no dolían realmente.

Han kunne svagt høre dunkene, men de gjorde ikke længere rigtig ondt.

Los golpes dieron en el blanco, pero su cuerpo ya no parecía el suyo.

Slagene landede, men hans krop føltes ikke længere som hans egen.

Entonces, de repente y sin previo aviso, John Thornton lanzó un grito salvaje.

Så pludselig, uden varsel, udstødte John Thornton et vildt skrig.

Era un grito inarticulado, más el grito de una bestia que el de un hombre.

Det var uartikuleret, mere et dyrs end et menneskes skrig.

Saltó hacia el hombre con el garrote y tiró a Hal hacia atrás.

Han sprang mod manden med køllen og slog Hal bagover.

Hal voló como si lo hubiera golpeado un árbol y aterrizó con fuerza en el suelo.

Hal fløj, som om han var blevet ramt af et træ, og landede hårdt på jorden.

Mercedes gritó en pánico y se llevó las manos a la cara.

Mercedes skreg højt i panik og klamrede sig til hendes ansigt.

Charles se limitó a mirar, se secó los ojos y permaneció sentado.

Charles så bare til, tørrede øjnene og blev siddende.

Su cuerpo estaba demasiado rígido por el dolor para levantarse o ayudar en la pelea.

Hans krop var for stiv af smerter til at rejse sig eller hjælpe til i kampen.

Thornton se quedó de pie junto a Buck, temblando de furia, incapaz de hablar.

Thornton stod over Buck, rystende af raseri, ude af stand til at tale.

Se estremeció de rabia y luchó por encontrar su voz a través de ella.

Han rystede af raseri og kæmpede for at finde sin stemme igennem det.

—Si vuelves a golpear a ese perro, te mataré —dijo finalmente.

"Hvis du slår den hund igen, slår jeg dig ihjel," sagde han endelig.

Hal se limpió la sangre de la boca y volvió a avanzar.

Hal tørrede blodet af munden og kom frem igen.

—Es mi perro —murmuró—. ¡Quítate del medio o te curaré!

"Det er min hund," mumlede han. "Kom væk, ellers ordner jeg dig."

"Voy a Dawson y no me lo vas a impedir", añadió.

"Jeg tager til Dawson, og du stopper mig ikke," tilføjede han.

Thornton se mantuvo firme entre Buck y el joven enojado.

Thornton stod fast mellem Buck og den vrede unge mand.

No tenía intención de hacerse a un lado o dejar pasar a Hal.

Han havde ingen intentioner om at træde til side eller lade Hal gå forbi.

Hal sacó su cuchillo de caza, largo y peligroso en la mano.

Hal trak sin jagtkniv frem, lang og farlig i hånden.

Mercedes gritó, luego lloró y luego rió con una histeria salvaje.

Mercedes skreg, så græd, så lo hun i vild hysteri.

Thornton golpeó la mano de Hal con el mango de su hacha, fuerte y rápido.

Thornton slog Hals hånd med sit økseskaft, hårdt og hurtigt.

El cuchillo se soltó del agarre de Hal y voló al suelo.

Kniven blev slået løs fra Hals greb og fløj til jorden.

Hal intentó recoger el cuchillo y Thornton volvió a golpearle los nudillos.

Hal prøvede at samle kniven op, og Thornton bankede igen på knoerne.

Entonces Thornton se agachó, agarró el cuchillo y lo sostuvo.

Så bøjede Thornton sig ned, greb kniven og holdt den.

Con dos rápidos golpes del mango del hacha, cortó las riendas de Buck.

Med to hurtige hug med økseskaftet huggede han Bucks tøjler over.

Hal ya no tenía fuerzas para luchar y se apartó del perro.

Hal havde ingen kamp tilbage i sig og trådte tilbage fra hunden.

Además, Mercedes necesitaba ahora ambos brazos para mantenerse erguida.

Desuden havde Mercedes brug for begge arme nu for at holde sig oprejst.

Buck estaba demasiado cerca de la muerte como para volver a ser útil para tirar de un trineo.

Buck var for døden nær til at kunne bruges til at trække en slæde igen.

Unos minutos después, se marcharon y se dirigieron río abajo.

Få minutter senere kørte de ud og satte kursen ned ad floden.

Buck levantó la cabeza débilmente y los observó mientras salían del banco.

Buck løftede svagt hovedet og så dem forlade banken.

Pike lideró el equipo, con Solleks en la parte trasera, al volante.

Pike førte holdet, med Solleks bagerst i rattet.

Joe y Teek caminaron entre ellos, ambos cojeando por el cansancio.

Joe og Teek gik imellem, begge haltende af udmattelse.

Mercedes se sentó en el trineo y Hal agarró el largo palo.

Mercedes satte sig på slæden, og Hal greb fat i den lange gee-stang.

Charles se tambaleó detrás, sus pasos torpes e inseguros.

Charles snublede bagved, hans skridt klodsede og usikre.

Thornton se arrodilló junto a Buck y buscó con delicadeza los huesos rotos.

Thornton knælede ved siden af Buck og følte forsigtigt efter brækkede knogler.

Sus manos eran ásperas pero se movían con amabilidad y cuidado.

Hans hænder var ru, men bevægede sig med venlighed og omhu.

El cuerpo de Buck estaba magullado pero no mostraba lesiones duraderas.

Bucks krop var forslået, men viste ingen varige skader.

Lo que quedó fue un hambre terrible y una debilidad casi total.

Tilbage var en frygtelig sult og en næsten total svaghed.

Cuando esto quedó claro, el trineo ya había avanzado mucho río abajo.

Da dette var klart, var slæden kørt langt ned ad floden.

El hombre y el perro observaron cómo el trineo se deslizaba lentamente sobre el hielo agrietado.

Mand og hund så slæden langsomt kravle hen over den revnede is.

Luego vieron que el trineo se hundía en un hueco.

Så så de slæden synke ned i en fordybning.

El mástil voló hacia arriba, con Hal todavía aferrándose a él en vano.

Gee-stangen fløj op, og Hal klamrede sig stadig forgæves til den.

El grito de Mercedes les llegó a través de la fría distancia.

Mercedes' skrig nåede dem over den kolde afstand.

Charles se giró y dio un paso atrás, pero ya era demasiado tarde.

Charles vendte sig og trådte tilbage – men han var for sent ude.

Una capa de hielo entera cedió y todos ellos cayeron al suelo.

En hel iskappe gav efter, og de faldt alle sammen igennem.

Los perros, los trineos y las personas desaparecieron en el agua negra que había debajo.

Hunde, slæde og mennesker forsvandt i det sorte vand nedenfor.

En el hielo por donde habían pasado sólo quedaba un amplio agujero.

Kun et bredt hul i isen var tilbage, hvor de var passeret.

El sendero se había hundido por completo, tal como Thornton había advertido.

Stiens bund var faldet ud – præcis som Thornton advarede om.

Thornton y Buck se miraron el uno al otro y guardaron silencio por un momento.

Thornton og Buck så tavse på hinanden et øjeblik.

—Pobre diablo —dijo Thornton suavemente, y Buck le lamió la mano.

"Din stakkels djævel," sagde Thornton sagte, og Buck slikkede sin hånd.

Por el amor de un hombre
Af kærlighed til en mand

John Thornton se congeló los pies en el frío del diciembre anterior.
John Thornton frøs fødderne i kulden i den foregående december.
Sus compañeros lo hicieron sentir cómodo y lo dejaron recuperarse solo.
Hans partnere sørgede for, at han havde det behageligt og lod ham komme sig alene.
Subieron al río para recoger una balsa de troncos para aserrar para Dawson.
De gik op ad floden for at samle en tømmerflåde savtømmer til Dawson.
Todavía cojeaba ligeramente cuando rescató a Buck de la muerte.
Han haltede stadig lidt, da han reddede Buck fra døden.
Pero como el clima cálido continuó, incluso esa cojera desapareció.
Men med det fortsatte varme vejr forsvandt selv den halten.
Durante los largos días de primavera, Buck descansaba a orillas del río.
Buck hvilede sig ved flodbredden i de lange forårsdage.
Observó el agua fluir y escuchó a los pájaros y a los insectos.
Han betragtede det strømmende vand og lyttede til fugle og insekter.
Lentamente, Buck recuperó su fuerza bajo el sol y el cielo.
Langsomt genvandt Buck sine kræfter under solen og himlen.
Un descanso fue maravilloso después de viajar tres mil millas.
En hvile føltes vidunderlig efter at have rejst tre tusinde kilometer.
Buck se volvió perezoso a medida que sus heridas sanaban y su cuerpo se llenaba.
Buck blev doven, efterhånden som hans sår helede, og hans krop fyldtes op.

Sus músculos se reafirmaron y la carne volvió a cubrir sus huesos.

Hans muskler blev faste, og kødet dækkede knoglerne igen.

Todos estaban descansando: Buck, Thornton, Skeet y Nig.

De hvilede sig alle – Buck, Thornton, Skeet og Nig.

Esperaron la balsa que los llevaría a Dawson.

De ventede på tømmerflåden, der skulle fragte dem ned til Dawson.

Skeet era un pequeño setter irlandés que se hizo amigo de Buck.

Skeet var en lille irsk setter, der blev venner med Buck.

Buck estaba demasiado débil y enfermo para resistirse a ella en su primer encuentro.

Buck var for svag og syg til at modstå hende ved deres første møde.

Skeet tenía el rasgo de sanador que algunos perros poseen naturalmente.

Skeet havde den helbredende egenskab, som nogle hunde naturligt besidder.

Como una gata madre, lamió y limpió las heridas abiertas de Buck.

Som en morkat slikkede og rensede hun Bucks rå sår.

Todas las mañanas, después del desayuno, repetía su minucioso trabajo.

Hver morgen efter morgenmaden gentog hun sit omhyggelige arbejde.

Buck llegó a esperar su ayuda tanto como la de Thornton.

Buck kom til at forvente hendes hjælp lige så meget, som han forventede Thorntons.

Nig también era amigable, pero menos abierto y menos cariñoso.

Nig var også venlig, men mindre åben og mindre kærlig.

Nig era un perro grande y negro, mitad sabueso y mitad lebrel.

Nig var en stor sort hund, delvist blodhund og delvist hjortehund.

Tenía ojos sonrientes y un espíritu bondadoso sin límites.

Han havde leende øjne og en uendelig godhed i sin ånd.

Para sorpresa de Buck, ninguno de los perros mostró celos hacia él.

Til Bucks overraskelse viste ingen af hundene jalousi over for ham.

Tanto Skeet como Nig compartieron la amabilidad de John Thornton.

Både Skeet og Nig delte John Thorntons venlighed.

A medida que Buck se hacía más fuerte, lo atrajeron hacia juegos de perros tontos.

Efterhånden som Buck blev stærkere, lokkede de ham med i tåbelige hundelege.

Thornton también jugaba a menudo con ellos, incapaz de resistirse a su alegría.

Thornton legede også ofte med dem, ude af stand til at modstå deres glæde.

De esta manera lúdica, Buck pasó de la enfermedad a una nueva vida.

På denne legende måde bevægede Buck sig fra sygdom til et nyt liv.

El amor, el amor verdadero, ardiente y apasionado, finalmente era suyo.

Kærligheden – ægte, brændende og lidenskabelig kærlighed – var endelig hans.

Nunca había conocido ese tipo de amor en la finca de Miller.

Han havde aldrig kendt denne form for kærlighed på Millers ejendom.

Con los hijos del Juez había compartido trabajo y aventuras.

Med dommerens sønner havde han delt arbejde og eventyr.

En los nietos vio un orgullo rígido y jactancioso.

Hos børnebørnene så han stiv og pralende stolthed.

Con el propio juez Miller mantuvo una amistad respetuosa.

Med dommer Miller selv havde han et respektfuldt venskab.

Pero el amor que era fuego, locura y adoración llegó con Thornton.

Men kærlighed, der var ild, vanvid og tilbedelse, kom med Thornton.

Este hombre había salvado la vida de Buck, y eso solo significaba mucho.

Denne mand havde reddet Bucks liv, og alene det betød meget.

Pero más que eso, John Thornton era el tipo de maestro ideal.

Men mere end det, var John Thornton den ideelle slags mester.

Otros hombres cuidaban perros por obligación o necesidad laboral.

Andre mænd passede hunde af pligt eller forretningsmæssig nødvendighed.

John Thornton cuidaba a sus perros como si fueran sus hijos.

John Thornton passede på sine hunde, som var de hans børn.

Él se preocupaba por ellos porque los amaba y simplemente no podía evitarlo.

Han holdt af dem, fordi han elskede dem og simpelthen ikke kunne lade være.

John Thornton vio incluso más lejos de lo que la mayoría de los hombres lograron ver.

John Thornton så endnu længere end de fleste mænd nogensinde formåede at se.

Nunca se olvidó de saludarlos amablemente o decirles alguna palabra de aliento.

Han glemte aldrig at hilse venligt på dem eller sige et opmuntrende ord.

Le encantaba sentarse con los perros para tener largas charlas, o "gases", como él decía.

Han elskede at sidde ned med hundene til lange samtaler, eller "gassy", som han sagde.

Le gustaba agarrar bruscamente la cabeza de Buck entre sus fuertes manos.

Han kunne lide at gribe Bucks hoved hårdt mellem sine stærke hænder.

Luego apoyó su cabeza contra la de Buck y lo sacudió suavemente.

Så hvilede han sit hoved mod Bucks og rystede ham forsigtigt.

Mientras tanto, él llamaba a Buck con nombres groseros que significaban amor para Buck.

Hele tiden kaldte han Buck uhøflige navne, der betød kærlighed for Buck.

Para Buck, ese fuerte abrazo y esas palabras le trajeron una profunda alegría.

For Buck bragte den hårde omfavnelse og de ord dyb glæde.

Su corazón parecía latir con fuerza de felicidad con cada movimiento.

Hans hjerte syntes at dirre løs af lykke ved hver bevægelse.

Cuando se levantó de un salto, su boca parecía como si se estuviera riendo.

Da han sprang op bagefter, så det ud, som om hans mund lo.

Sus ojos brillaban intensamente y su garganta temblaba con una alegría tácita.

Hans øjne strålede klart, og hans hals dirrede af uudtalt glæde.

Su sonrisa se detuvo en ese estado de emoción y afecto resplandeciente.

Hans smil stod stille i den tilstand af følelser og glødende hengivenhed.

Entonces Thornton exclamó pensativo: "¡Dios! ¡Casi puede hablar!"

Så udbrød Thornton eftertænksomt: "Gud! han kan næsten tale!"

Buck tenía una extraña forma de expresar amor que casi causaba dolor.

Buck havde en mærkelig måde at udtrykke kærlighed på, der næsten forårsagede smerte.

A menudo apretaba muy fuerte la mano de Thornton entre los dientes.

Han greb ofte Thorntons hånd meget hårdt mellem tænderne.

La mordedura iba a dejar marcas profundas que permanecerían durante algún tiempo.

Biddet ville efterlade dybe mærker, der blev i nogen tid efter.

Buck creía que esos juramentos eran de amor y Thornton lo sabía también.

Buck troede, at disse eder var kærlighed, og Thornton vidste
det samme.

**La mayoría de las veces, el amor de Buck se demostraba en
una adoración silenciosa, casi silenciosa.**

Bucks kærlighed viste sig oftest i stille, næsten tavs tilbedelse.

**Aunque se emocionaba cuando lo tocaban o le hablaban, no
buscaba atención.**

Selvom han blev begejstret, når han blev berørt eller talt til,
søgte han ikke opmærksomhed.

**Skeet empujó su nariz bajo la mano de Thornton hasta que
él la acarició.**

Skeet puffede sin snude under Thorntons hånd, indtil han
kælede med hende.

**Nig se acercó en silencio y apoyó su gran cabeza en la rodilla
de Thornton.**

Nig gik stille hen og hvilede sit store hoved på Thorntons
knæ.

**Buck, por el contrario, se conformaba con amar desde una
distancia respetuosa.**

Buck var derimod tilfreds med at elske fra en respektfuld
afstand.

**Durante horas permaneció tendido a los pies de Thornton,
alerta y observando atentamente.**

Han lå i timevis ved Thorntons fødder, årvågen og
observerende.

**Buck estudió cada detalle del rostro de su amo y su más
mínimo movimiento.**

Buck studerede hver eneste detalje af sin herres ansigt og
mindste bevægelse.

**O yacía más lejos, estudiando la figura del hombre en
silencio.**

Eller løj længere væk og studerede mandens skikkelse i
stilhed.

**Buck observó cada pequeño movimiento, cada cambio de
postura o gesto.**

Buck iagttog hver lille bevægelse, hvert skift i kropsholdning
eller gestus.

Tan poderosa era esta conexión que a menudo atraía la mirada de Thornton.

Denne forbindelse var så stærk, at den ofte fangede Thorntons blik.

Sostuvo la mirada de Buck sin palabras, pero el amor brillaba claramente a través de ella.

Han mødte Bucks øjne uden ord, kærligheden skinnede klart igennem.

Durante mucho tiempo después de ser salvado, Buck nunca perdió de vista a Thornton.

I lang tid efter at være blevet reddet, lod Buck aldrig Thornton ud af syne.

Cada vez que Thornton salía de la tienda, Buck lo seguía de cerca afuera.

Hver gang Thornton forlod teltet, fulgte Buck ham tæt udenfor.

Todos los amos severos de las Tierras del Norte habían hecho que Buck tuviera miedo de confiar.

Alle de barske herrer i Nordlandet havde gjort Buck bange for at stole på ham.

Temía que ningún hombre pudiera seguir siendo su amo durante más de un corto tiempo.

Han frygtede, at ingen mand kunne forblive hans herre i mere end en kort tid.

Temía que John Thornton desapareciera como Perrault y François.

Han frygtede, at John Thornton ville forsvinde ligesom Perrault og François.

Incluso por la noche, el miedo a perderlo acechaba el sueño inquieto de Buck.

Selv om natten hjemsøgte frygten for at miste ham Bucks urolige søvn.

Cuando Buck se despertó, salió a escondidas al frío y fue a la tienda de campaña.

Da Buck vågnede, krøb han ud i kulden og gik hen til teltet.

Escuchó atentamente el suave sonido de la respiración en su interior.

Han lyttede opmærksomt efter den bløde lyd af vejrtrækning indeni.

A pesar del profundo amor de Buck por John Thornton, lo salvaje siguió vivo.

Trods Bucks dybe kærlighed til John Thornton, forblev vildmarken i live.

Ese instinto primitivo, despertado en el Norte, no desapareció.

Det primitive instinkt, der var vækket i Norden, forsvandt ikke.

El amor trajo devoción, lealtad y el cálido vínculo del fuego.

Kærlighed bragte hengivenhed, loyalitet og ildens varme bånd.

Pero Buck también mantuvo sus instintos salvajes, agudos y siempre alerta.

Men Buck bevarede også sine vilde instinkter, skarpe og altid årvågne.

No era sólo una mascota domesticada de las suaves tierras de la civilización.

Han var ikke bare et tamt kæledyr fra civilisationens bløde lande.

Buck era un ser salvaje que había venido a sentarse junto al fuego de Thornton.

Buck var et vildt væsen, der var kommet ind for at sidde ved Thorntons bål.

Parecía un perro del Sur, pero en su interior vivía lo salvaje.

Han lignede en sydlandsk hund, men der levede vildskab i ham.

Su amor por Thornton era demasiado grande como para permitirle robarle algo.

Hans kærlighed til Thornton var for stor til at tillade tyveri fra manden.

Pero en cualquier otro campamento, robaría con valentía y sin pausa.

Men i enhver anden lejr ville han stjæle dristigt og uden pause.

Era tan astuto al robar que nadie podía atraparlo ni acusarlo.

Han var så snedig til at stjæle, at ingen kunne fange eller anklage ham.

Su rostro y su cuerpo estaban cubiertos de cicatrices de muchas peleas pasadas.

Hans ansigt og krop var dækket af ar fra mange tidligere kampe.

Buck seguía luchando con fiereza, pero ahora luchaba con más astucia.

Buck kæmpede stadig voldsomt, men nu kæmpede han med mere list.

Skeet y Nig eran demasiado amables para pelear, y eran de Thornton.

Skeet og Nig var for blide til at slås, og de tilhørte Thornton.

Pero cualquier perro extraño, por fuerte o valiente que fuese, cedía.

Men enhver fremmed hund, uanset hvor stærk eller modig den var, gav efter.

De lo contrario, el perro se encontraría luchando contra Buck; luchando por su vida.

Ellers måtte hunden kæmpe mod Buck; kæmpe for sit liv.

Buck no tuvo piedad una vez que decidió pelear contra otro perro.

Buck viste ingen nåde, da han først valgte at kæmpe mod en anden hund.

Había aprendido bien la ley del garrote y el colmillo en las Tierras del Norte.

Han havde lært loven om kølle og hugtand godt i Nordlandet.

Él nunca renunció a una ventaja y nunca se retractó de la batalla.

Han opgav aldrig en fordel og trak sig aldrig tilbage fra kamp.

Había estudiado a los Spitz y a los perros más feroces del correo y de la policía.

Han havde studeret Spitz og de vildeste post- og politihunde.

Sabía claramente que no había término medio en un combate salvaje.

Han vidste tydeligt, at der ikke var nogen mellemvej i vild kamp.

Él debía gobernar o ser gobernado; mostrar misericordia significaba mostrar debilidad.

Han måtte herske eller blive hersket; at vise barmhjertighed betød at vise svaghed.

Mercy era una desconocida en el crudo y brutal mundo de la supervivencia.

Barmhjertighed var ukendt i overlevelsens rå og brutale verden.

Mostrar misericordia era visto como miedo, y el miedo conducía rápidamente a la muerte.

At vise barmhjertighed blev set som frygt, og frygt førte hurtigt til døden.

La antigua ley era simple: matar o ser asesinado, comer o ser comido.

Den gamle lov var enkel: dræb eller bliv dræbt, spis eller bliv spist.

Esa ley vino desde las profundidades del tiempo, y Buck la siguió plenamente.

Den lov kom fra tidens dyb, og Buck fulgte den fuldt ud.

Buck era mayor que su edad y el número de respiraciones que tomaba.

Buck var ældre end sine år og antallet af åndedrag, han tog.

Conectó claramente el pasado antiguo con el momento presente.

Han forbandt den gamle fortid tydeligt med nutiden.

Los ritmos profundos de las épocas lo atravesaban como mareas.

Tidernes dybe rytmer bevægede sig gennem ham som tidevandet.

El tiempo latía en su sangre con la misma seguridad con la que las estaciones movían la tierra.

Tiden pulserede i hans blod lige så sikkert som årstiderne bevægede jorden.

Se sentó junto al fuego de Thornton, con el pecho fuerte y los colmillos blancos.

Han sad ved Thorntons ild med kraftig brystkasse og hvide hugtænder.

Su largo pelaje ondeaba, pero detrás de él los espíritus de los perros salvajes observaban.

Hans lange pels blafrede, men bag ham så vilde hundes ånder på.

Lobos medio y lobos completos se agitaron dentro de su corazón y sus sentidos.

Halvulve og fulde ulve rørte sig i hans hjerte og sanser.

Probaron su carne y bebieron la misma agua que él.

De smagte på hans kød og drak det samme vand som han gjorde.

Olfatearon el viento junto a él y escucharon el bosque.

De snusede til vinden ved siden af ham og lyttede til skoven.

Susurraron los significados de los sonidos salvajes en la oscuridad.

De hviskede betydningen af de vilde lyde i mørket.

Ellos moldearon sus estados de ánimo y guiaron cada una de sus reacciones tranquilas.

De formede hans humør og styrede hver af hans stille reaktioner.

Se quedaron con él mientras dormía y se convirtieron en parte de sus sueños más profundos.

De lå hos ham, mens han sov, og blev en del af hans dybe drømme.

Soñaron con él, más allá de él, y constituyeron su propio espíritu.

De drømte med ham, hinsides ham, og udgjorde selve hans ånd.

Los espíritus de la naturaleza llamaron con tanta fuerza que Buck se sintió atraído.

Vildmarkens ånder kaldte så stærkt, at Buck følte sig draget.

Cada día, la humanidad y sus reivindicaciones se debilitaban más en el corazón de Buck.

Hver dag blev menneskeheden og dens krav svagere i Bucks hjerte.

En lo profundo del bosque, un llamado extraño y emocionante estaba por surgir.

Dybt inde i skoven ville et mærkeligt og spændende kald stige.

Cada vez que escuchaba el llamado, Buck sentía un impulso que no podía resistir.

Hver gang han hørte kaldet, følte Buck en trang, han ikke kunne modstå.

Él iba a alejarse del fuego y de los caminos humanos trillados.

Han ville vende sig bort fra ilden og fra de slagne menneskestier.

Iba a adentrarse en el bosque, avanzando sin saber por qué.

Han ville styrte ind i skoven, fortsætte fremad uden at vide hvorfor.

Él no cuestionó esta atracción porque el llamado era profundo y poderoso.

Han satte ikke spørgsmålstegn ved denne tiltrækning, for kaldet var dybt og kraftfuldt.

A menudo, alcanzaba la sombra verde y la tierra suave e intacta.

Ofte nåede han den grønne skygge og den bløde, uberørte jord

Pero entonces el fuerte amor por John Thornton lo atrajo de nuevo al fuego.

Men så trak den stærke kærlighed til John Thornton ham tilbage til ilden.

Sólo John Thornton realmente pudo sostener en sus manos el corazón salvaje de Buck.

Kun John Thornton holdt virkelig Bucks vilde hjerte i sit greb.

El resto de la humanidad no tenía ningún valor o significado duradero para Buck.

Resten af menneskeheden havde ingen varig værdi eller betydning for Buck.

Los extraños podrían elogiarlo o acariciar su pelaje con manos amistosas.

Fremmede roser ham måske eller stryger ham over pelsen med venlige hænder.

Buck permaneció impasible y se alejó por demasiado afecto.

Buck forblev urørlig og gik sin vej på grund af for megen hengivenhed.

Hans y Pete llegaron con la balsa que habían esperado durante tanto tiempo.

Hans og Pete ankom med den længe ventede tømmerflåde

Buck los ignoró hasta que supo que estaban cerca de Thornton.

Buck ignorerede dem, indtil han fandt ud af, at de var tæt på Thornton.

Después de eso, los toleró, pero nunca les mostró total calidez.

Derefter tolererede han dem, men viste dem aldrig fuld varme.

Él aceptaba comida o gentileza de ellos como si les estuviera haciendo un favor.

Han tog imod mad eller venlighed fra dem, som om han gjorde dem en tjeneste.

Eran como Thornton: sencillos, honestos y claros en sus pensamientos.

De var ligesom Thornton – enkle, ærlige og klare i tankerne.

Todos juntos viajaron al aserradero de Dawson y al gran remolino.

Alle sammen rejste de til Dawsons savværk og den store hvirvelstrøm

En su viaje aprendieron a comprender profundamente la naturaleza de Buck.

På deres rejse lærte de at forstå Bucks natur dybt.

No intentaron acercarse como lo habían hecho Skeet y Nig.

De forsøgte ikke at komme tættere på hinanden, ligesom Skeet og Nig havde gjort.

Pero el amor de Buck por John Thornton solo se profundizó con el tiempo.

Men Bucks kærlighed til John Thornton blev kun dybere med tiden.

Sólo Thornton podía colocar una mochila en la espalda de Buck en el verano.

Kun Thornton kunne lægge en pakke på Bucks ryg om sommeren.

Cualquiera que fuera lo que Thornton ordenaba, Buck estaba dispuesto a hacerlo a cabalidad.

Uanset hvad Thornton beordrede, var Buck villig til at gøre fuldt ud.

Un día, después de que dejaron Dawson hacia las cabeceras del río Tanana,

En dag, efter de havde forladt Dawson for at nå Tanana-flodens udspring,

El grupo se sentó en un acantilado que caía un metro hasta el lecho rocoso desnudo.

Gruppen sad på en klippe, der faldt en meter ned til bart grundfjeld.

John Thornton se sentó cerca del borde y Buck descansó a su lado.

John Thornton sad nær kanten, og Buck hvilede sig ved siden af ham.

Thornton tuvo una idea repentina y llamó la atención de los hombres.

Thornton fik en pludselig tanke og tiltrak mændenes opmærksomhed.

Señaló hacia el otro lado del abismo y le dio a Buck una única orden.

Han pegede over kløften og gav Buck én kommando.

—¡Salta, Buck! —dijo, extendiendo el brazo por encima del precipicio.

"Hop, Buck!" sagde han og svingede armen ud over faldet.

En un momento, tuvo que agarrar a Buck, quien estaba saltando para obedecer.

Om et øjeblik måtte han gribe fat i Buck, som sprang for at adlyde.

Hans y Pete corrieron hacia adelante y los pusieron a ambos a salvo.

Hans og Pete skyndte sig frem og trak begge tilbage i sikkerhed.

Cuando todo terminó y recuperaron el aliento, Pete habló.

Efter at alt var overstået, og de havde fået vejret, tog Pete ordet.

"El amor es extraño", dijo, conmocionado por la feroz devoción del perro.

"Kærligheden er uhyggelig," sagde han, rystet af hundens voldsomme hengivenhed.

Thornton meneó la cabeza y respondió con seriedad y calma.

Thornton rystede på hovedet og svarede med rolig alvor.

"No, el amor es espléndido", dijo, "pero también terrible".

"Nej, kærligheden er storslået," sagde han, "men også forfærdelig."

"A veces, debo admitirlo, este tipo de amor me da miedo".

"Nogle gange må jeg indrømme, at denne form for kærlighed gør mig bange."

Pete asintió y dijo: "Odiaría ser el hombre que te toque".

Pete nikkede og sagde: "Jeg ville hade at være den mand, der rører dig."

Miró a Buck mientras hablaba, serio y lleno de respeto.

Han så på Buck, mens han talte, alvorligt og fuld af respekt.

—¡Py Jingo! —dijo Hans rápidamente—. Yo tampoco, señor.

„Py Jingo!" sagde Hans hurtigt. „Heller ikke mig, nej, hr."

Antes de que terminara el año, los temores de Pete se hicieron realidad en Circle City.

Inden året var omme, gik Petes frygt i opfyldelse i Circle City.

Un hombre cruel llamado Black Burton provocó una pelea en el bar.

En grusom mand ved navn Black Burton startede et slagsmål i baren.

Estaba enojado y malicioso, arremetiendo contra un nuevo novato.

Han var vred og ondskabsfuld og langede ud efter en ny følsom fod.

John Thornton entró en escena, tranquilo y afable como siempre.

John Thornton trådte til, rolig og godmodig som altid.

Buck yacía en un rincón, con la cabeza gacha, observando a Thornton de cerca.

Buck lå i et hjørne med hovedet nedad og iagttog Thornton nøje.

Burton atacó de repente, y su puñetazo hizo que Thornton girara.

Burton slog pludselig til, og hans slag fik Thornton til at snurre rundt.

Sólo la barandilla de la barra evitó que se estrellara con fuerza contra el suelo.

Kun barens gelænder forhindrede ham i at styrte hårdt ned på jorden.

Los observadores oyeron un sonido que no era un ladrido ni un aullido.

Vagterne hørte en lyd, der ikke var gøen eller gylpen

Un rugido profundo salió de Buck mientras se lanzaba hacia el hombre.

Et dybt brøl lød fra Buck, da han skyndte sig mod manden.

Burton levantó el brazo y apenas salvó su vida.

Burton løftede armen og reddede med nød og næppe sit eget liv.

Buck se estrelló contra él y lo tiró al suelo.

Buck bragede ind i ham og slog ham fladt ned på gulvet.

Buck mordió profundamente el brazo del hombre y luego se abalanzó sobre su garganta.

Buck bed dybt i mandens arm og kastede sig derefter ud efter struben.

Burton sólo pudo bloquearlo parcialmente y su cuello quedó destrozado.

Burton kunne kun delvist blokere, og hans hals blev revet op.

Los hombres se apresuraron a entrar, con los garrotes en alto, y apartaron a Buck del hombre sangrante.

Mænd stormede ind, med køller hejst, og drev Buck væk fra den blødende mand.

Un cirujano trabajó rápidamente para detener la fuga de sangre.

En kirurg arbejdede hurtigt for at stoppe blodet i at løbe ud.

Buck caminaba de un lado a otro y gruñía, intentando atacar una y otra vez.

Buck gik frem og tilbage og knurrede, mens han forsøgte at angribe igen og igen.

Sólo los golpes con los palos le impidieron llegar hasta Burton.

Kun svingende køller forhindrede ham i at nå Burton.

Allí mismo se convocó y celebró una asamblea de mineros.

Der blev indkaldt til et minearbejdermøde og afholdt lige der på stedet.

Estuvieron de acuerdo en que Buck había sido provocado y votaron por liberarlo.

De var enige om, at Buck var blevet provokeret, og stemte for at sætte ham fri.

Pero el feroz nombre de Buck ahora resonaba en todos los campamentos de Alaska.

Men Bucks stærke navn gav nu genlyd i alle lejre i Alaska.

Más tarde ese otoño, Buck salvó a Thornton nuevamente de una nueva manera.

Senere samme efterår reddede Buck Thornton igen på en ny måde.

Los tres hombres guiaban un bote largo por rápidos agitados.

De tre mænd førte en lang båd ned ad barske strømfald.

Thornton tripulaba el bote, gritando instrucciones para llegar a la costa.

Thornton managede båden og råbte vej til kystlinjen.

Hans y Pete corrieron por la tierra, sosteniendo una cuerda de árbol a árbol.

Hans og Pete løb på land og holdt et reb fra træ til træ.

Buck seguía el ritmo en la orilla, siempre observando a su amo.

Buck holdt trit på bredden og holdt altid øje med sin herre.

En un lugar desagradable, las rocas sobresalían bajo el agua rápida.

På et ubehageligt sted stak klipper ud under det brusende vand.

Hans soltó la cuerda y Thornton dirigió el bote hacia otro lado.

Hans slap rebet, og Thornton styrede båden vidt.

Hans corrió para alcanzar el barco nuevamente más allá de las rocas peligrosas.

Hans spurtede for at indhente båden igen forbi de farlige klipper.

El barco superó la cornisa pero se topó con una parte más fuerte de la corriente.

Båden passerede afsatsen, men ramte en stærkere del af strømmen.

Hans agarró la cuerda demasiado rápido y desequilibró el barco.

Hans greb for hurtigt fat i rebet og trak båden ud af balance.

El barco se volcó y se estrelló contra la orilla, boca abajo.

Båden kæntrede og bragede ind i bredden med bunden opad.

Thornton fue arrojado y arrastrado hacia la parte más salvaje del agua.

Thornton blev kastet ud og fejet ud i den vildeste del af vandet.

Ningún nadador habría podido sobrevivir en esas aguas turbulentas y mortales.

Ingen svømmer kunne have overlevet i det dødbringende, brusende vand.

Buck saltó instantáneamente y persiguió a su amo río abajo.

Buck sprang straks ind og jagtede sin herre ned ad floden.

Después de trescientos metros, llegó por fin a Thornton.

Efter tre hundrede meter nåede han endelig Thornton.

Thornton agarró la cola de Buck y Buck se giró hacia la orilla.

Thornton greb fat i Bucks hale, og Buck vendte sig mod kysten.

Nadó con todas sus fuerzas, luchando contra el arrastre salvaje del agua.

Han svømmede med fuld styrke og kæmpede mod vandets vilde modstand.

Se movieron río abajo más rápido de lo que podían llegar a la orilla.

De bevægede sig nedstrøms hurtigere, end de kunne nå kysten.

Más adelante, el río rugía cada vez más fuerte mientras caía en rápidos mortales.

Forude brølede floden højere, mens den faldt ned i dødbringende strømfald.

Las rocas cortaban el agua como los dientes de un peine enorme.

Stenene skar gennem vandet som tænderne på en enorm kam.

La atracción del agua cerca de la caída era salvaje e ineludible.

Vandets tiltrækning nær dråben var vild og uundgåelig.

Thornton sabía que nunca podrían llegar a la costa a tiempo.

Thornton vidste, at de aldrig kunne nå kysten i tide.

Raspó una roca, se estrelló contra otra,

Han skrabede over én sten, smadrede hen over en anden,

Y entonces se estrelló contra una tercera roca, agarrándola con ambas manos.

Og så bragede han ind i en tredje sten og greb den med begge hænder.

Soltó a Buck y gritó por encima del rugido: "¡Vamos, Buck! ¡Vamos!".

Han slap Buck og råbte over brølet: "Afsted, Buck! Afsted!"

Buck no pudo mantenerse a flote y fue arrastrado por la corriente.

Buck kunne ikke holde sig oven vande og blev revet med af strømmen.

Luchó con todas sus fuerzas, intentando girar, pero no consiguió ningún progreso.

Han kæmpede hårdt og kæmpede for at vende sig, men gjorde slet ingen fremskridt.

Entonces escuchó a Thornton repetir la orden por encima del rugido del río.

Så hørte han Thornton gentage kommandoen over flodens brølen.

Buck salió del agua y levantó la cabeza como para echar una última mirada.

Buck steg op af vandet og løftede hovedet, som for at kaste et sidste blik.

Luego se giró y obedeció, nadando hacia la orilla con resolución.

så vendte han sig om og adlød, mens han beslutsomt svømmede mod bredden.

Pete y Hans lo sacaron a tierra en el último momento posible.

Pete og Hans trak ham i land i det sidste mulige øjeblik.

Sabían que Thornton podría aferrarse a la roca sólo por unos minutos más.

De vidste, at Thornton kun kunne klamre sig til klippen i få minutter mere.

Corrieron por la orilla hasta un lugar mucho más arriba de donde estaba colgado.

De løb op ad bredden til et sted langt over, hvor han hang.

Ataron la cuerda del bote al cuello y los hombros de Buck con cuidado.

De bandt omhyggeligt bådens line fast til Bucks nakke og skuldre.

La cuerda estaba ajustada pero lo suficientemente suelta para permitir la respiración y el movimiento.

Rebet var stramt, men løst nok til at trække vejret og bevæge sig.

Luego lo lanzaron nuevamente al caudaloso y mortal río.

Så kastede de ham igen ud i den brusende, dødbringende flod.

Buck nadó con valentía, pero perdió su ángulo debido a la fuerza de la corriente.

Buck svømmede dristigt, men ramte ikke strømmens kraft.

Se dio cuenta demasiado tarde de que iba a dejar atrás a Thornton.

Han så for sent, at han ville drive forbi Thornton.

Hans tiró de la cuerda con fuerza, como si Buck fuera un barco que se hundía.

Hans stramte rebet, som om Buck var en kæntrende båd.

La corriente lo arrastró hacia abajo y desapareció bajo la superficie.

Strømmen trak ham ned under overfladen, og han forsvandt.

Su cuerpo chocó contra el banco antes de que Hans y Pete pudieran sacarlo.

Hans krop ramte banken, før Hans og Pete trak ham op.

Estaba medio ahogado y le sacaron el agua a golpes.

Han var halvt druknet, og de hamrede vandet ud af ham.

Buck se puso de pie, se tambaleó y volvió a desplomarse en el suelo.

Buck rejste sig, vaklede og kollapsede igen om på jorden.

Entonces oyeron la voz de Thornton llevada débilmente por el viento.

Så hørte de Thorntons stemme, svagt båret af vinden.

Aunque las palabras no eran claras, sabían que estaba cerca de morir.

Selvom ordene var uklare, vidste de, at han var døden nær.

El sonido de la voz de Thornton golpeó a Buck como una sacudida eléctrica.

Lyden af Thorntons stemme ramte Buck som et elektrisk stød.

Saltó y corrió por la orilla, regresando al punto de lanzamiento.

Han sprang op og løb op ad bredden og vendte tilbage til startstedet.

Nuevamente ataron la cuerda a Buck, y nuevamente entró al arroyo.

Igen bandt de rebet til Buck, og igen gik han ud i bækken.

Esta vez nadó directo y firmemente hacia el agua que palpitaba.

Denne gang svømmede han direkte og bestemt ud i det brusende vand.

Hans soltó la cuerda con firmeza mientras Pete evitaba que se enredara.

Hans slap rebet støt ud, mens Pete holdt det fra at filtre sig sammen.

Buck nadó con fuerza hasta que estuvo alineado justo encima de Thornton.

Buck svømmede hårdt, indtil han var opstillet lige over Thornton.

Luego se dio la vuelta y se lanzó hacia abajo como un tren a toda velocidad.

Så vendte han sig og susede ned som et tog i fuld fart.

Thornton lo vio venir, se preparó y le rodeó el cuello con los brazos.

Thornton så ham komme, forberedt og holdt armene om hans hals.

Hans ató la cuerda fuertemente alrededor de un árbol mientras ambos eran arrastrados hacia abajo.

Hans bandt rebet fast omkring et træ, mens begge blev trukket under.

Cayeron bajo el agua y se estrellaron contra rocas y escombros del río.

De tumlede under vandet og smadrede ind i klipper og flodaffald.

En un momento Buck estaba arriba y al siguiente Thornton se levantó jadeando.

Det ene øjeblik var Buck på toppen, det næste rejste Thornton sig gispende.

Maltratados y asfixiados, se desviaron hacia la orilla y se pusieron a salvo.

Forslåede og kvalte drejede de mod bredden og i sikkerhed.

Thornton recuperó el conocimiento, acostado sobre un tronco a la deriva.

Thornton genvandt bevidstheden, liggende på tværs af en drivtømmer.

Hans y Pete trabajaron duro para devolverle el aliento y la vida.

Hans og Pete arbejdede hårdt for at få ham tilbage i livet.

Su primer pensamiento fue para Buck, que yacía inmóvil y flácido.

Hans første tanke var på Buck, som lå ubevægelig og slap.

Nig aulló sobre el cuerpo de Buck y Skeet le lamió la cara suavemente.

Nig hylede over Bucks krop, og Skeet slikkede ham blidt i ansigtet.

Thornton, dolorido y magullado, examinó a Buck con manos cuidadosas.

Thornton, øm og forslået, undersøgte Buck med forsigtige hænder.

Encontró tres costillas rotas, pero ninguna herida mortal en el perro.

Han fandt tre brækkede ribben, men ingen dødelige sår hos hunden.

"Eso lo resuelve", dijo Thornton. "Acamparemos aquí". Y así lo hicieron.

"Det afgør sagen," sagde Thornton. "Vi camperer her." Og det gjorde de.

Se quedaron hasta que las costillas de Buck sanaron y pudo caminar nuevamente.

De blev, indtil Bucks ribben var helet, og han kunne gå igen.

Ese invierno, Buck realizó una hazaña que aumentó aún más su fama.

Den vinter udførte Buck en bedrift, der øgede hans berømmelse yderligere.

Fue menos heroico que salvar a Thornton, pero igual de impresionante.

Det var mindre heroisk end at redde Thornton, men lige så imponerende.

En Dawson, los socios necesitaban suministros para un viaje lejano.

I Dawson havde partnerne brug for forsyninger til en fjern rejse.

Querían viajar hacia el Este, hacia tierras vírgenes y silvestres.

De ville rejse østpå, ind i uberørte vildmarksområder.

La escritura de Buck en el Eldorado Saloon hizo posible ese viaje.

Bucks gerning i Eldorado Saloon gjorde den rejse mulig.

Todo empezó con hombres alardeando de sus perros mientras bebían.

Det begyndte med mænd, der pralede af deres hunde over drinks.

La fama de Buck lo convirtió en blanco de desafíos y dudas.

Bucks berømmelse gjorde ham til mål for udfordringer og tvivl.

Thornton, orgulloso y tranquilo, se mantuvo firme en la defensa del nombre de Buck.

Thornton, stolt og rolig, stod fast i sit forsvar af Bucks navn.

Un hombre dijo que su perro podía levantar doscientos cincuenta kilos con facilidad.

En mand sagde, at hans hund nemt kunne trække fem hundrede pund.

Otro dijo seiscientos, y un tercero se jactó de setecientos.

En anden sagde seks hundrede, og en tredje pralede med syv hundrede.

"¡Pfft!" dijo John Thornton, "Buck puede tirar de un trineo de mil libras".

"Pfft!" sagde John Thornton, "Buck kan trække en slæde på tusind pund."

Matthewson, un Rey de Bonanza, se inclinó hacia delante y lo desafió.

Matthewson, en Bonanza-konge, lænede sig frem og udfordrede ham.

¿Crees que puede poner tanto peso en movimiento?

"Tror du, han kan lægge så meget vægt i bevægelse?"

"¿Y crees que puede tirar del peso cien yardas enteras?"

"Og du tror, han kan trække vægten hundrede meter?"

Thornton respondió con frialdad: «Sí. Buck es lo suficientemente bueno como para hacerlo».

Thornton svarede køligt: "Ja. Buck er hund nok til at gøre det."

"Pondrá mil libras en movimiento y las arrastrará cien yardas".

"Han sætter tusind pund i bevægelse og trækker det hundrede meter."

Matthewson sonrió lentamente y se aseguró de que todos los hombres escucharan sus palabras.

Matthewson smilede langsomt og sørgede for, at alle mænd hørte hans ord.

Tengo mil dólares que dicen que no puede. Ahí está.

"Jeg har tusind dollars, der siger, at han ikke kan. Der er de."

Arrojó un saco de polvo de oro del tamaño de una salchicha sobre la barra.

Han smækkede en sæk guldstøv på størrelse med en pølse på baren.

Nadie dijo una palabra. El silencio se hizo denso y tenso a su alrededor.

Ingen sagde et ord. Stilheden blev tung og anspændt omkring dem.

El engaño de Thornton —si es que lo hubo— había sido tomado en serio.

Thorntons bluff – hvis det var et – var blevet taget alvorligt.

Sintió que el calor le subía a la cara mientras la sangre le subía a las mejillas.

Han følte varmen stige op i ansigtet, mens blodet fossede op ad kinderne.

En ese momento su lengua se había adelantado a su razón.

Hans tunge var kommet forud for hans fornuft i det øjeblik.

Realmente no sabía si Buck podría mover mil libras.

Han vidste virkelig ikke, om Buck kunne flytte tusind pund.

¡Media tonelada! Solo su tamaño le hacía sentir un gran peso en el corazón.

Et halvt ton! Alene størrelsen gjorde ham tung om hjertet.

Tenía fe en la fuerza de Buck y creía que era capaz.

Han havde tillid til Bucks styrke og havde troet, at han var dygtig.

Pero nunca se había enfrentado a un desafío así, no de esta manera.

Men han havde aldrig stået over for den slags udfordring, ikke som denne.

Una docena de hombres lo observaban en silencio, esperando ver qué haría.

Et dusin mænd iagttog ham stille og ventede på at se, hvad han ville gøre.

Él no tenía el dinero, ni tampoco Hans ni Pete.

Han havde ikke pengene – hverken Hans eller Pete havde.

"Tengo un trineo afuera", dijo Matthewson fría y directamente.

"Jeg har en kælk udenfor," sagde Matthewson koldt og direkte.

"Está cargado con veinte sacos de cincuenta libras cada uno, todo de harina.

"Den er læsset med tyve sække, halvtreds pund hver, alt sammen mel."

Así que no dejen que un trineo perdido sea su excusa ahora", añadió.

Så lad ikke en forsvunden slæde være din undskyldning nu," tilføjede han.

Thornton permaneció en silencio. No sabía qué decir.

Thornton stod tavs. Han vidste ikke, hvilke ord han skulle sige.

Miró a su alrededor los rostros sin verlos con claridad.

Han kiggede rundt på ansigterne uden at se dem tydeligt.

Parecía un hombre congelado en sus pensamientos, intentando reiniciarse.

Han lignede en mand, der var fastlåst i sine tanker, og som prøvede at genstarte.

Luego vio a Jim O'Brien, un amigo de la época de Mastodon.

Så så han Jim O'Brien, en ven fra Mastodon-dagene.

Ese rostro familiar le dio un coraje que no sabía que tenía.

Det velkendte ansigt gav ham et mod, han ikke vidste, han havde.

Se giró y preguntó en voz baja: "¿Puedes prestarme mil?"

Han vendte sig om og spurgte med lav stemme: "Kan du låne mig tusind?"

"Claro", dijo O'Brien, dejando caer un pesado saco junto al oro.

"Javisst," sagde O'Brien, idet han allerede smed en tung sæk ved siden af guldet.

"Pero la verdad, John, no creo que la bestia pueda hacer esto".

"Men ærligt talt, John, tror jeg ikke, at udyret kan gøre dette."

Todos los que estaban en el Eldorado Saloon corrieron hacia afuera para ver el evento.

Alle i Eldorado Saloon skyndte sig udenfor for at se begivenheden.

Abandonaron las mesas y las bebidas, e incluso los juegos se pausaron.

De forlod borde og drikkevarer, og selv spillene blev sat på pause.

Comerciantes y jugadores acudieron para presenciar el final de la audaz apuesta.

Dealere og spillere kom for at være vidne til det dristige væddemåls afslutning.

Cientos de personas se reunieron alrededor del trineo en la calle helada y abierta.

Hundredvis samledes omkring slæden på den isglatte åbne gade.

El trineo de Matthewson estaba cargado con un montón de sacos de harina.

Matthewsons slæde stod med en fuld last af melsække.

El trineo había permanecido parado durante horas a temperaturas bajo cero.

Slæden havde stået i timevis i minusgrader.

Los patines del trineo estaban congelados y pegados a la nieve compacta.

Slædens meder var frosset fast til den pakket sne.

Los hombres ofrecieron dos a uno de que Buck no podría mover el trineo.

Mændene tilbød to til en odds på, at Buck ikke kunne flytte slæden.

Se desató una disputa sobre lo que realmente significaba "break out".

Der opstod en diskussion om, hvad "bryde ud" egentlig betød.

O'Brien dijo que Thornton debería aflojar la base congelada del trineo.

O'Brien sagde, at Thornton skulle løsne slædens frosne bund.

Buck pudo entonces "escapar" de un comienzo sólido e inmóvil.

Buck kunne så "bryde ud" fra en solid, ubevægelig start.

Matthewson argumentó que el perro también debe liberar a los corredores.

Matthewson argumenterede for, at hunden også skulle slippe løberne fri.

Los hombres que habían escuchado la apuesta estuvieron de acuerdo con la opinión de Matthewson.

Mændene, der havde hørt væddemålet, var enige i Matthewsons synspunkt.

Con esa decisión, las probabilidades aumentaron a tres a uno en contra de Buck.

Med den kendelse steg oddsene til tre til en mod Buck.

Nadie se animó a asumir las crecientes probabilidades de tres a uno.

Ingen trådte frem for at tage imod de voksende odds på tre til en.

Ningún hombre creyó que Buck pudiera realizar la gran hazaña.

Ikke en eneste mand troede på, at Buck kunne udføre den store bedrift.

Thornton se había apresurado a hacer la apuesta, cargado de dudas.

Thornton var blevet presset ind i væddemålet, tynget af tvivl.

Ahora miró el trineo y el equipo de diez perros que estaba a su lado.

Nu kiggede han på slæden og spandet på ti hunde ved siden af den.

Ver la realidad de la tarea la hizo parecer más imposible.

At se opgavens realitet fik den til at virke mere umulig.

Matthewson estaba lleno de orgullo y confianza en ese momento.

Matthewson var fuld af stolthed og selvtillid i det øjeblik.

—¡Tres a uno! —gritó—. ¡Apuesto mil más, Thornton!

„Tre til en!" råbte han. „Jeg vædder med tusind mere, Thornton!"

"¿Qué dices?" añadió lo suficientemente alto para que todos lo oyeran.

"Hvad siger du?" tilføjede han højt nok til, at alle kunne høre det.

El rostro de Thornton mostraba sus dudas, pero su ánimo se había elevado.

Thorntons ansigt viste hans tvivl, men hans humør var steget.

Ese espíritu de lucha ignoraba las probabilidades y no temía a nada en absoluto.

Den kampånd ignorerede odds og frygtede slet ingenting.

Llamó a Hans y Pete para que trajeran todo su dinero a la mesa.

Han ringede til Hans og Pete for at få dem til at bringe alle deres penge til bordet.

Les quedaba poco: sólo doscientos dólares en total.

De havde kun lidt tilbage – kun to hundrede dollars tilsammen.

Esta pequeña suma constituía su fortuna total en tiempos difíciles.

Denne lille sum var deres samlede formue i vanskelige tider.

Aún así, apostaron toda su fortuna contra la apuesta de Matthewson.

Alligevel satsede de hele formuen mod Matthewsons væddemål.

El equipo de diez perros fue desenganchado y se alejó del trineo.

Spandet på ti hunde blev fraspændt og bevægede sig væk fra slæden.

Buck fue colocado en las riendas, vistiendo su arnés familiar.

Buck blev sat i tøjlerne, iført sin velkendte sele.

Había captado la energía de la multitud y sentía la tensión.

Han havde fanget mængdens energi og mærket spændingen.

De alguna manera, sabía que tenía que hacer algo por John Thornton.

På en eller anden måde vidste han, at han var nødt til at gøre noget for John Thornton.

La gente murmuraba con admiración ante la orgullosa figura del perro.

Folk mumlede af beundring over hundens stolte skikkelse.

Era delgado y fuerte, sin un solo gramo de carne extra.

Han var slank og stærk, uden en eneste ekstra gram kød.

Su peso total de ciento cincuenta libras era todo potencia y resistencia.

Hans fulde vægt på hundrede og halvtreds pund var ren kraft og udholdenhed.

El pelaje de Buck brillaba como la seda, espeso y saludable.

Bucks pels glimtede som silke, tyk af sundhed og styrke.

El pelaje a lo largo de su cuello y hombros pareció levantarse y erizarse.

Pelsen langs hans hals og skuldre syntes at løfte sig og få stritter i håret.

Su melena se movía levemente, cada cabello vivo con su gran energía.

Hans man bevægede sig let, hvert hårstrå levende med hans store energi.

Su pecho ancho y sus piernas fuertes hacían juego con su cuerpo pesado y duro.

Hans brede brystkasse og stærke ben matchede hans tunge, robuste kropsbygning.

Los músculos se ondulaban bajo su abrigo, tensos y firmes como hierro.

Musklerne bølgede under hans frakke, stramme og faste som bundet jern.

Los hombres lo tocaron y juraron que estaba construido como una máquina de acero.

Mænd rørte ved ham og svor, at han var bygget som en stålmaskine.

Las probabilidades bajaron levemente a dos a uno contra el gran perro.

Oddsene faldt en smule til to til en mod den store hund.

Un hombre de los bancos Skookum se adelantó, tartamudeando.

En mand fra Skookum-bænkene skubbede sig frem, stammende.

—¡Bien, señor! ¡Ofrezco ochocientas libras por él, antes del examen, señor!

"Godt, hr.! Jeg tilbyder otte hundrede for ham – før prøven, hr.!"

"¡Ochocientos, tal como está ahora mismo!" insistió el hombre.

"Otte hundrede, som han står lige nu!" insisterede manden.

Thornton dio un paso adelante, sonrió y meneó la cabeza con calma.

Thornton trådte frem, smilede og rystede roligt på hovedet.

Matthewson intervino rápidamente con una voz de advertencia y el ceño fruncido.

Matthewson trådte hurtigt til med en advarende stemme og et rynket pande.

—Debes alejarte de él —dijo—. Dale espacio.

"Du skal træde væk fra ham," sagde han. "Giv ham plads."

La multitud quedó en silencio; sólo los jugadores seguían ofreciendo dos a uno.

Mængden blev stille; kun spillerne tilbød stadig to til en.

Todos admiraban la complexión de Buck, pero la carga parecía demasiado grande.

Alle beundrede Bucks bygning, men lasten så for stor ud.

Veinte sacos de harina, cada uno de cincuenta libras de peso, parecían demasiados.

Tyve sække mel – hver på halvtreds pund – virkede alt for meget.

Nadie estaba dispuesto a abrir su bolsa y arriesgar su dinero.

Ingen var villige til at åbne deres pung og risikere deres penge.

Thornton se arrodilló junto a Buck y tomó su cabeza con ambas manos.

Thornton knælede ved siden af Buck og tog hans hoved i begge hænder.

Presionó su mejilla contra la de Buck y le habló al oído.

Han pressede sin kind mod Bucks og talte i hans øre.

Ya no había apretones juguetones ni susurros de insultos amorosos.

Der var ingen legende rysten eller hviskede kærlige fornærmelser nu.

Él sólo murmuró suavemente: "Tanto como me amas, Buck".

Han mumlede kun sagte: "Lige så meget som du elsker mig, Buck."

Buck dejó escapar un gemido silencioso, su entusiasmo apenas fue contenido.

Buck udstødte et stille klynk, hans iver knap nok behersket.

Los espectadores observaron con curiosidad cómo la tensión llenaba el aire.

Tilskuerne så med nysgerrighed på, mens spændingen fyldte luften.

El momento parecía casi irreal, como algo más allá de la razón.

Øjeblikket føltes næsten uvirkeligt, som noget hinsides al fornuft.

Cuando Thornton se puso de pie, Buck tomó suavemente su mano entre sus mandíbulas.

Da Thornton rejste sig, tog Buck blidt hans hånd mellem kæberne.

Presionó con los dientes y luego lo soltó lenta y suavemente.

Han pressede ned med tænderne, og slap derefter langsomt og forsigtigt.

Fue una respuesta silenciosa de amor, no dicha, pero entendida.

Det var et stille svar af kærlighed, ikke udtalt, men forstået.

Thornton se alejó bastante del perro y dio la señal.

Thornton trådte et godt stykke tilbage fra hunden og gav signalet.

—Ahora, Buck —dijo, y Buck respondió con calma y concentración.

"Nå, Buck," sagde han, og Buck svarede med fokuseret ro.

Buck apretó las correas y luego las aflojó unos centímetros.

Buck strammede skinnerne og løsnede dem derefter et par centimeter.

Éste era el método que había aprendido; su manera de romper el trineo.

Dette var den metode, han havde lært; hans måde at bryde slæden på.

—¡Caramba! —gritó Thornton con voz aguda en el pesado silencio.

"Hold da op!" råbte Thornton med skarp stemme i den tunge stilhed.

Buck giró hacia la derecha y se lanzó con todo su peso.

Buck drejede til højre og kastede sig ud med al sin vægt.

La holgura desapareció y la masa total de Buck golpeó las cuerdas apretadas.

Slæbet forsvandt, og Bucks fulde masse ramte de snævre spor.

El trineo tembló y los patines produjeron un crujido crujiente.

Slæden dirrede, og mederne lavede en sprød knitrende lyd.

—¡Ja! —ordenó Thornton, cambiando nuevamente la dirección de Buck.

„Ha!" kommanderede Thornton og ændrede Bucks retning igen.

Buck repitió el movimiento, esta vez tirando bruscamente hacia la izquierda.

Buck gentog bevægelsen, denne gang trak han skarpt til venstre.

El trineo crujió más fuerte y los patines crujieron y se movieron.

Slæden knitrede højere, mederne knirkede og flyttede sig.

La pesada carga se deslizó ligeramente hacia un lado sobre la nieve congelada.

Den tunge last gled let sidelæns hen over den frosne sne.

¡El trineo se había soltado del sendero helado!

Slæden var løsrevet fra den isglatte stis greb!

Los hombres contenían la respiración, sin darse cuenta de que ni siquiera estaban respirando.

Mændene holdt vejret, uvidende om at de slet ikke trak vejret.

—¡Ahora, TIRA! —gritó Thornton a través del silencio helado.

"Nu, TRÆK!" råbte Thornton gennem den frosne stilhed.

La orden de Thornton sonó aguda, como el chasquido de un látigo.

Thorntons kommando rungede skarpt, som lyden af en piske.

Buck se lanzó hacia adelante con una estocada feroz y estremecedora.

Buck kastede sig fremad med et voldsomt og rystende udfald.

Todo su cuerpo se tensó y se arrugó por la enorme tensión.

Hele hans krop spændtes og sammenkrøbledes på grund af den massive belastning.

Los músculos se ondulaban bajo su pelaje como serpientes que cobraban vida.

Musklerne bølgede under hans pels som slanger, der kom til live.

Su gran pecho estaba bajo y la cabeza estirada hacia delante, hacia el trineo.

Hans store brystkasse var lav, hovedet strakt frem mod slæden.

Sus patas se movían como un rayo y sus garras cortaban el suelo helado.

Hans poter bevægede sig som lyn, kløer skar den frosne jord.

Los surcos se abrieron profundos mientras luchaba por cada centímetro de tracción.

Der blev skåret dybt i sporene, mens han kæmpede for hver en centimeter af trækkraft.

El trineo se balanceó, tembló y comenzó un movimiento lento e inquieto.

Slæden rokkede, dirrede og begyndte en langsom, urolig bevægelse.

Un pie resbaló y un hombre entre la multitud gimió en voz alta.

Den ene fod gled, og en mand i mængden stønnede højt.

Entonces el trineo se lanzó hacia adelante con un movimiento brusco y espasmódico.

Så kastede slæden sig fremad i en rykkende, ru bevægelse.

No se detuvo de nuevo: media pulgada... una pulgada... dos pulgadas más.

Den stoppede ikke igen – en halv tomme ... en tomme ... to tommer mere.

Los tirones se hicieron más pequeños a medida que el trineo empezó a ganar velocidad.

Rykkene blev mindre, efterhånden som slæden begyndte at tage fart.

Pronto Buck estaba tirando con una potencia suave, uniforme y rodante.

Snart trak Buck med jævn, jævn rullekraft.

Los hombres jadearon y finalmente recordaron respirar de nuevo.

Mændene gispede og huskede endelig at trække vejret igen.

No se habían dado cuenta de que su respiración se había detenido por el asombro.

De havde ikke bemærket, at deres åndedræt var holdt op i ærefrygt.

Thornton corrió detrás, gritando órdenes breves y alegres.

Thornton løb bagved og råbte korte, muntre kommandoer.

Más adelante había una pila de leña que marcaba la distancia.

Forude lå en stak brænde, der markerede afstanden.

A medida que Buck se acercaba a la pila, los vítores se hacían cada vez más fuertes.

Efterhånden som Buck nærmede sig bunken, blev jubelråbene højere og højere.

Los aplausos aumentaron hasta convertirse en un rugido cuando Buck pasó el punto final.

Jubelråbene voksede til et brøl, da Buck passerede slutpunktet.

Los hombres saltaron y gritaron, incluso Matthewson sonrió.

Mænd hoppede og råbte, selv Matthewson brød ud i et smil.

Los sombreros volaron por el aire y los guantes fueron arrojados sin pensar ni rumbo.

Hatte fløj op i luften, vanter blev kastet uden tanke eller sigte.

Los hombres se abrazaron y se dieron la mano sin saber a quién.

Mændene greb fat i hinanden og gav hånd uden at vide hvem.

Toda la multitud vibró en una celebración salvaje y alegre.

Hele mængden summede af vild, glædelig jubel.

Thornton cayó de rodillas junto a Buck con manos temblorosas.

Thornton faldt på knæ ved siden af Buck med rystende hænder.

Apretó su cabeza contra la de Buck y lo sacudió suavemente hacia adelante y hacia atrás.

Han pressede sit hoved mod Bucks og rystede ham blidt frem og tilbage.

Los que se acercaron le oyeron maldecir al perro con silencioso amor.

De, der nærmede sig, hørte ham forbande hunden med stille kærlighed.

Maldijo a Buck durante un largo rato, suavemente, cálidamente, con emoción.

Han bandede længe ad Buck – sagte, varmt og følelsesladet.

—¡Bien, señor! ¡Bien, señor! —gritó el rey del Banco Skookum a toda prisa.

"Godt, hr.! Godt, hr.!" udbrød Skookum-bænkens konge i en fart.

—¡Le daré mil, no, mil doscientos, por ese perro, señor!

"Jeg giver Dem tusind – nej, tolv hundrede – for den hund, hr.!"

Thornton se puso de pie lentamente, con los ojos brillantes de emoción.

Thornton rejste sig langsomt, hans øjne strålede af følelser.

Las lágrimas corrían abiertamente por sus mejillas sin ninguna vergüenza.

Tårer strømmede åbenlyst ned ad hans kinder uden nogen skam.

"Señor", le dijo al rey del Banco Skookum, firme y firme.

"Herre," sagde han til kongen af Skookum-bænken, rolig og fast

—No, señor. Puede irse al infierno, señor. Esa es mi última respuesta.

"Nej, hr. De kan gå ad helvede til, hr. Det er mit endelige svar."

Buck agarró suavemente la mano de Thornton con sus fuertes mandíbulas.

Buck greb forsigtigt Thorntons hånd med sine stærke kæber.

Thornton lo sacudió juguetonamente; su vínculo era más profundo que nunca.

Thornton rystede ham legende, deres bånd var så dybt som altid.

La multitud, conmovida por el momento, retrocedió en silencio.

Publikum, bevæget af øjeblikket, trådte tilbage i stilhed.

Desde entonces nadie se atrevió a interrumpir tan sagrado afecto.

Fra da af turde ingen afbryde en sådan hellig hengivenhed.

El sonido de la llamada
Lyden af kaldet

Buck había ganado mil seiscientos dólares en cinco minutos.

Buck havde tjent seksten hundrede dollars på fem minutter.

El dinero permitió a John Thornton pagar algunas de sus deudas.

Pengene gjorde det muligt for John Thornton at betale noget af sin gæld af.

Con el resto del dinero se dirigió al Este con sus socios.

Med resten af pengene drog han østpå med sine partnere.

Buscaban una legendaria mina perdida, tan antigua como el país mismo.

De ledte efter en sagnomspunden, forsvundet mine, lige så gammel som landet selv.

Muchos hombres habían buscado la mina, pero pocos la habían encontrado.

Mange mænd havde ledt efter minen, men få havde nogensinde fundet den.

Más de unos pocos hombres habían desaparecido durante la peligrosa búsqueda.

Mere end et par mænd var forsvundet under den farlige søgen.

Esta mina perdida estaba envuelta en misterio y vieja tragedia.

Denne tabte mine var indhyllet i både mystik og gammel tragedie.

Nadie sabía quién había sido el primer hombre que encontró la mina.

Ingen vidste, hvem den første mand, der fandt minen, havde været.

Las historias más antiguas no mencionan a nadie por su nombre.

De ældste historier nævner ingen ved navn.

Siempre había habido allí una antigua y destartalada cabaña.

Der havde altid stået en gammel, faldefærdig hytte der.

Los hombres moribundos habían jurado que había una mina al lado de aquella vieja cabaña.

Døende mænd havde svoret, at der var en mine ved siden af den gamle hytte.

Probaron sus historias con oro como ningún otro en ningún otro lugar.

De beviste deres historier med guld som intet andetsteds.

Ningún alma viviente había jamás saqueado el tesoro de aquel lugar.

Ingen levende sjæl havde nogensinde plyndret skatten fra det sted.

Los muertos estaban muertos, y los muertos no cuentan historias.

De døde var døde, og døde mænd fortæller ingen historier.

Entonces Thornton y sus amigos se dirigieron al Este.

Så drog Thornton og hans venner mod øst.

Pete y Hans se unieron, trayendo a Buck y seis perros fuertes.

Pete og Hans sluttede sig til, og medbragte Buck og seks stærke hunde.

Se embarcaron en un camino desconocido donde otros habían fracasado.

De begav sig ud ad en ukendt sti, hvor andre havde fejlet.

Se deslizaron en trineo setenta millas por el congelado río Yukón.

De kælkede halvfems kilometer op ad den frosne Yukon-flod.

Giraron a la izquierda y siguieron el sendero hacia Stewart.

De drejede til venstre og fulgte stien ind i Stewart-floden.

Pasaron Mayo y McQuestion y siguieron adelante.

De passerede Mayo og McQuestion og fortsatte videre.

El río Stewart se encogió y se convirtió en un arroyo, atravesando picos irregulares.

Stewart-floden skrumpede ind i en strøm og trådte sig langs takkede tinder.

Estos picos afilados marcaban la columna vertebral del continente.

Disse skarpe tinder markerede selve kontinentets rygsøjle.

John Thornton exigía poco a los hombres y a la tierra salvaje.

John Thornton krævede ikke meget af mændene eller det vilde land.

No temía a nada de la naturaleza y se enfrentaba a lo salvaje con facilidad.

Han frygtede intet i naturen og mødte vildmarken med lethed.

Con sólo sal y un rifle, podría viajar a donde quisiera.

Med kun salt og en riffel kunne han rejse, hvorhen han ville.

Al igual que los nativos, cazaba alimentos mientras viajaba.

Ligesom de indfødte jagtede han mad, mens han rejste.

Si no pescaba nada, seguía adelante, confiando en que la suerte le acompañaría.

Hvis han ikke fangede noget, fortsatte han og stolede på heldet.

En este largo viaje, la carne era lo principal que comían.

På denne lange rejse var kød det vigtigste, de spiste.

El trineo contenía herramientas y municiones, pero no un horario estricto.

Slæden indeholdt værktøj og ammunition, men ingen fast tidsplan.

A Buck le encantaba este vagabundeo, la caza y la pesca interminables.

Buck elskede denne vandring; den endeløse jagt og fiskeri.

Durante semanas estuvieron viajando día tras día.

I ugevis rejste de dag efter dag.

Otras veces montaban campamentos y permanecían allí durante semanas.

Andre gange slog de lejre og blev stille i ugevis.

Los perros descansaron mientras los hombres cavaban en la tierra congelada.

Hundene hvilede sig, mens mændene gravede gennem den frosne jord.

Calentaron sartenes sobre el fuego y buscaron oro escondido.

De varmede pander over bål og ledte efter skjult guld.

Algunos días pasaban hambre y otros días tenían fiestas.

Nogle dage sultede de, og andre dage holdt de fester.

Sus comidas dependían de la presa y de la suerte de la caza.
Deres måltider afhang af vildtet og jagtens held.
Cuando llegaba el verano, los hombres y los perros cargaban cargas sobre sus espaldas.
Da sommeren kom, pakket mænd og hunde byrder på ryggen.
Navegaron por lagos azules escondidos en bosques de montaña.
De sejlede med rafting over blå søer gemt i bjergskove.
Navegaban en delgadas embarcaciones por ríos que ningún hombre había cartografiado jamás.
De sejlede slanke både på floder, som intet menneske nogensinde havde kortlagt.
Esos barcos se construyeron a partir de árboles que cortaban en la naturaleza.
Disse både blev bygget af træer, de savede i naturen.

Los meses pasaron y ellos serpentearon por tierras salvajes y desconocidas.
Månederne gik, og de snoede sig gennem de vilde, ukendte lande.
No había hombres allí, aunque había rastros antiguos que indicaban que había habido hombres.
Der var ingen mænd der, men gamle spor antydede, at der havde været mænd.
Si la Cabaña Perdida fue real, entonces otras personas habían pasado por allí alguna vez.
Hvis Den Forsvundne Hytte var virkelig, så var andre engang kommet denne vej.
Cruzaron pasos altos en medio de tormentas de nieve, incluso en verano.
De krydsede høje pas i snestorme, selv om sommeren.
Temblaban bajo el sol de medianoche en las laderas desnudas de las montañas.
De rystede under midnatssolen på bare bjergskråninger.
Entre la línea de árboles y los campos de nieve, subieron lentamente.
Mellem trægrænsen og snemarkerne klatrede de langsomt.

En los valles cálidos, aplastaban nubes de mosquitos y moscas.
I varme dale slog de efter skyer af myg og fluer.

Recogieron bayas dulces cerca de los glaciares en plena floración del verano.
De plukkede søde bær nær gletsjere i fuldt sommerblomst.

Las flores que encontraron eran tan hermosas como las de las Tierras del Sur.
Blomsterne, de fandt, var lige så smukke som dem i Sydlandet.

Ese otoño llegaron a una región solitaria llena de lagos silenciosos.
Det efterår nåede de et ensomt område fyldt med stille søer.

La tierra estaba triste y vacía, una vez llena de pájaros y bestias.
Landet var trist og tomt, engang levende med fugle og dyr.

Ahora no había vida, sólo el viento y el hielo formándose en charcos.
Nu var der intet liv, kun vinden og isen, der dannede sig i vandhuller.

Las olas golpeaban las orillas vacías con un sonido suave y triste.
Bølger skvulpede mod tomme kyster med en blød, sørgmodig lyd.

Llegó otro invierno y volvieron a seguir los viejos y tenues senderos.
Endnu en vinter kom, og de fulgte igen svage, gamle stier.

Éstos eran los rastros de hombres que habían buscado mucho antes que ellos.
Dette var sporene fra mænd, der havde ledt længe før dem.

Un día encontraron un camino que se adentraba profundamente en el bosque oscuro.
Engang fandt de en sti, der var hugget dybt ind i den mørke skov.

Era un sendero antiguo y sintieron que la cabaña perdida estaba cerca.

Det var en gammel sti, og de følte, at den forsvundne hytte var tæt på.

Pero el sendero no conducía a ninguna parte y se perdía en el espeso bosque.

Men stien førte ingen steder hen og forsvandt ind i den tætte skov.

Nadie sabe quién hizo el sendero ni por qué lo hizo.

Hvem der end lavede stien, og hvorfor de lavede den, vidste ingen.

Más tarde encontraron los restos de una cabaña escondidos entre los árboles.

Senere fandt de vraget af en hytte gemt blandt træerne.

Mantas podridas yacían esparcidas donde alguna vez alguien había dormido.

Rådnende tæpper lå spredt, hvor nogen engang havde sovet.

John Thornton encontró una pistola de chispa de cañón largo enterrada en el interior.

John Thornton fandt en flintlås med lang løb begravet indeni.

Sabía que se trataba de un cañón de la Bahía de Hudson desde los primeros días de su comercialización.

Han vidste, at dette var en Hudson Bay-kanon fra de tidlige handelsdage.

En aquella época, estas armas se intercambiaban por montones de pieles de castor.

Dengang blev sådanne kanoner byttet for stakke af bæverskind.

Eso fue todo: no quedó ninguna pista del hombre que construyó el albergue.

Det var alt – der var intet spor tilbage af manden, der havde bygget hytten.

Llegó nuevamente la primavera y no encontraron ninguna señal de la Cabaña Perdida.

Foråret kom igen, og de fandt intet tegn på den forsvundne hytte.

En lugar de eso encontraron un valle amplio con un arroyo poco profundo.

I stedet fandt de en bred dal med en lavvandet bæk.

El oro se extendía sobre el fondo de las sartenes como mantequilla suave y amarilla.

Guld lå på tværs af pandebundene som glat, gult smør.

Se detuvieron allí y no buscaron más la cabaña.

De stoppede der og ledte ikke længere efter hytten.

Cada día trabajaban y encontraban miles en polvo de oro.

Hver dag arbejdede de og fandt tusindvis i guldstøv.

Empaquetaron el oro en bolsas de piel de alce, de cincuenta libras cada una.

De pakkede guldet i sække med elgskind, halvtreds pund hver.

Las bolsas estaban apiladas como leña afuera de su pequeña cabaña.

Taskerne var stablet som brænde uden for deres lille hytte.

Trabajaron como gigantes y los días pasaban como sueños rápidos.

De arbejdede som kæmper, og dagene gik som hurtige drømme.

Acumularon tesoros a medida que los días interminables transcurrían rápidamente.

De samlede skatte, mens de endeløse dage gik hurtigt forbi.

Los perros no tenían mucho que hacer excepto transportar carne de vez en cuando.

Der var ikke meget for hundene at lave udover at slæbe kød i ny og næ.

Thornton cazó y mató el animal, y Buck se quedó tendido junto al fuego.

Thornton jagede og dræbte vildtet, og Buck lå ved bålet.

Pasó largas horas en silencio, perdido en sus pensamientos y recuerdos.

Han tilbragte lange timer i stilhed, fortabt i tanker og erindring.

La imagen del hombre peludo venía cada vez más a la mente de Buck.

Billedet af den behårede mand kom oftere ind i Bucks sind.

Ahora que el trabajo escaseaba, Buck soñaba mientras parpadeaba ante el fuego.

Nu hvor arbejdet var knapt, drømte Buck, mens han blinkede mod ilden.

En esos sueños, Buck vagaba con el hombre en otro mundo.

I disse drømme vandrede Buck med manden i en anden verden.

El miedo parecía el sentimiento más fuerte en ese mundo distante.

Frygt syntes at være den stærkeste følelse i den fjerne verden.

Buck vio al hombre peludo dormir con la cabeza gacha.

Buck så den behårede mand sove med bøjet hoved.

Tenía las manos entrelazadas y su sueño era inquieto y entrecortado.

Hans hænder var foldede, og hans søvn var urolig og afbrudt.

Solía despertarse sobresaltado y mirar con miedo hacia la oscuridad.

Han plejede at vågne med et sæt og stirre frygtsomt ud i mørket.

Luego echaba más leña al fuego para mantener la llama brillante.

Så kastede han mere brænde på bålet for at holde flammen lys.

A veces caminaban por una playa junto a un mar gris e interminable.

Nogle gange gik de langs en strand ved et gråt, endeløst hav.

El hombre peludo recogía mariscos y los comía mientras caminaba.

Den behårede mand plukkede skaldyr og spiste dem, mens han gik.

Sus ojos buscaban siempre peligros ocultos en las sombras.

Hans øjne søgte altid efter skjulte farer i skyggerne.

Sus piernas siempre estaban listas para correr ante la primera señal de amenaza.

Hans ben var altid klar til at spurte ved det første tegn på trussel.

Se arrastraron por el bosque, silenciosos y cautelosos, uno al lado del otro.

De sneg sig gennem skoven, tavse og vagtsomme, side om side.

Buck lo siguió de cerca y ambos se mantuvieron alerta.

Buck fulgte efter ham, og de forblev begge årvågne.

Sus orejas se movían y temblaban, sus narices olfateaban el aire.

Deres ører dirrede og bevægede sig, deres næser snusede i luften.

El hombre podía oír y oler el bosque tan agudamente como Buck.

Manden kunne høre og lugte skoven lige så skarpt som Buck.

El hombre peludo se balanceó entre los árboles con una velocidad repentina.

Den behårede mand svingede sig gennem træerne med pludselig fart.

Saltaba de rama en rama sin perder nunca su agarre.

Han sprang fra gren til gren uden at miste grebet.

Se movió tan rápido sobre el suelo como sobre él.

Han bevægede sig lige så hurtigt over jorden, som han gjorde på den.

Buck recordó las largas noches bajo los árboles, haciendo guardia.

Buck huskede de lange nætter under træerne, hvor han holdt vagt.

El hombre dormía recostado en las ramas, aferrado fuertemente.

Manden sov og hvilede i grenene og klamrede sig fast til den.

Esta visión del hombre peludo estaba estrechamente ligada al llamado profundo.

Denne vision af den behårede mand var tæt knyttet til det dybe kald.

El llamado aún resonaba en el bosque con una fuerza inquietante.

Kaldet lød stadig gennem skoven med hjemsøgende kraft.

La llamada llenó a Buck de anhelo y una inquieta sensación de alegría.

Opkaldet fyldte Buck med længsel og en rastløs følelse af glæde.

Sintió impulsos y agitaciones extrañas que no podía nombrar.

Han følte mærkelige drifter og bevægelser, som han ikke kunne navngive.

A veces seguía la llamada hasta lo profundo del tranquilo bosque.

Nogle gange fulgte han kaldet dybt ind i den stille skov.

Buscó el llamado, ladrando suave o agudamente mientras caminaba.

Han ledte efter kaldet, gøende sagte eller skarpt, mens han gik.

Olfateó el musgo y la tierra negra donde crecían las hierbas.

Han snusede til mosset og den sorte jord, hvor græsserne voksede.

Resopló de alegría ante los ricos olores de la tierra profunda.

Han fnøs af fryd over de fyldige dufte fra den dybe jord.

Se agazapó durante horas detrás de troncos cubiertos de hongos.

Han krøb sammen i timevis bag stammer dækket af svamp.

Se quedó quieto, escuchando con los ojos muy abiertos cada pequeño sonido.

Han blev stående stille og lyttede med vidtåbne øjne til hver eneste lille lyd.

Quizás esperaba sorprender al objeto que le había hecho el llamado.

Han håbede måske at overraske den ting, der kaldte.

Él no sabía por qué actuaba así: simplemente lo hacía.

Han vidste ikke, hvorfor han opførte sig sådan – han gjorde det simpelthen.

Los impulsos venían desde lo más profundo, más allá del pensamiento o la razón.

Trangen kom dybt indefra, hinsides tanke eller fornuft.

Impulsos irresistibles se apoderaron de Buck sin previo aviso ni razón.

Uimodståelige lyster greb Buck uden varsel eller grund.

A veces dormitaba perezosamente en el campamento bajo el calor del mediodía.

Til tider døsede han dovent i lejren i middagsheden.

De repente, su cabeza se levantó y sus orejas se levantaron en alerta.

Pludselig løftede han hovedet, og hans ører skød vagtsomt op.

Entonces se levantó de un salto y se lanzó hacia lo salvaje sin detenerse.

Så sprang han op og styrtede ud i vildmarken uden at tøve.

Corrió durante horas por senderos forestales y espacios abiertos.

Han løb i timevis gennem skovstier og åbne vidder.

Le encantaba seguir los lechos de los arroyos secos y espiar a los pájaros en los árboles.

Han elskede at følge tørre bæklejer og spionere på fugle i træerne.

Podría permanecer escondido todo el día, mirando a las perdices pavonearse.

Han kunne ligge gemt hele dagen og se agerhønsene spankulere rundt.

Ellos tamborilearon y marcharon, sin percatarse de la presencia todavía de Buck.

De trommet og marcherede, uvidende om Bucks stadige tilstedeværelse.

Pero lo que más le gustaba era correr al atardecer en verano.

Men det han elskede mest var at løbe i skumringen om sommeren.

La tenue luz y los sonidos soñolientos del bosque lo llenaron de alegría.

Det svage lys og de søvnige skovlyde fyldte ham med glæde.

Leyó las señales del bosque tan claramente como un hombre lee un libro.

Han læste skovens tegn lige så tydeligt, som en mand læser en bog.

Y siempre buscaba aquella cosa extraña que lo llamaba.

Og han ledte altid efter den mærkelige ting, der kaldte på ham.

Ese llamado nunca se detuvo: lo alcanzaba despierto o dormido.

Det kald holdt aldrig op – det nåede ham, uanset om han var vågen eller sovende.

Una noche, se despertó sobresaltado, con los ojos alerta y las orejas alerta.

En nat vågnede han med et sæt, med skarpe øjne og høje ører.

Sus fosas nasales se crisparon mientras su melena se erizaba en ondas.

Hans næsebor dirrede, mens hans manke stod og strittede i bølger.

Desde lo profundo del bosque volvió a oírse el sonido, el viejo llamado.

Fra dybt inde i skoven kom lyden igen, det gamle kald.

Esta vez el sonido sonó claro, un aullido largo, inquietante y familiar.

Denne gang lød lyden tydeligt, et langt, uhyggeligt, velkendt hyl.

Era como el grito de un husky, pero extraño y salvaje en tono.

Det var som en huskys skrig, men mærkelig og vild i tonen.

Buck reconoció el sonido al instante: había oído exactamente el mismo sonido hacía mucho tiempo.

Buck genkendte lyden med det samme – han havde hørt den præcise lyd for længe siden.

Saltó a través del campamento y desapareció rápidamente en el bosque.

Han sprang gennem lejren og forsvandt hurtigt ind i skoven.

A medida que se acercaba al sonido, disminuyó la velocidad y se movió con cuidado.

Da han nærmede sig lyden, sænkede han farten og bevægede sig forsigtigt.

Pronto llegó a un claro entre espesos pinos.

Snart nåede han en lysning mellem tætte fyrretræer.

Allí, erguido sobre sus cuartos traseros, estaba sentado un lobo de bosque alto y delgado.

Der, oprejst på hug, sad en høj, mager skovulv.

La nariz del lobo apuntaba hacia el cielo, todavía haciendo eco del llamado.

Ulvens snude pegede mod himlen og gentog stadig kaldet.

Buck no había emitido ningún sonido, pero el lobo se detuvo y escuchó.

Buck havde ikke sagt nogen lyd, men ulven stoppede og lyttede.

Sintiendo algo, el lobo se tensó y buscó en la oscuridad.

Ulven fornemmede noget, spændte sig op og ledte i mørket.

Buck apareció sigilosamente, con el cuerpo agachado y los pies quietos sobre el suelo.

Buck sneg sig til syne med lav krop og fødderne rolige på jorden.

Su cola estaba recta y su cuerpo enroscado por la tensión.

Hans hale var lige, hans krop stramt sammenrullet af spænding.

Mostró al mismo tiempo una amenaza y una especie de amistad ruda.

Han viste både trussel og en slags hårdt venskab.

Fue el saludo cauteloso que compartían las bestias salvajes.

Det var den forsigtige hilsen, som vilde dyr delte.

Pero el lobo se dio la vuelta y huyó tan pronto como vio a Buck.

Men ulven vendte sig om og flygtede, så snart den så Buck.

Buck lo persiguió, saltando salvajemente, ansioso por alcanzarlo.

Buck satte efter den, sprang vildt, ivrig efter at indhente den.

Siguió al lobo hasta un arroyo seco bloqueado por un atasco de madera.

Han fulgte ulven ind i en tør bæk, der var blokeret af en tømmerprop.

Acorralado, el lobo giró y se mantuvo firme.

Indespærret snurrede ulven rundt og stod fast.

El lobo gruñó y mordió a su presa como un perro husky atrapado en una pelea.

Ulven knurrede og snappede som en fanget husky hund i et slagsmål.

Los dientes del lobo chasquearon rápidamente y su cuerpo se erizó de furia salvaje.

Ulvens tænder klikkede hurtigt, dens krop strittede af vild raseri.

Buck no atacó, sino que rodeó al lobo con cautelosa amabilidad.

Buck angreb ikke, men gik omkredset omkring ulven med omhyggelig venlighed.

Intentó bloquear su escape con movimientos lentos e inofensivos.

Han forsøgte at blokere sin flugt med langsomme, harmløse bevægelser.

El lobo estaba cauteloso y asustado: Buck pesaba tres veces más que él.

Ulven var vagtsom og bange – Buck var tre gange stærkere end ham.

La cabeza del lobo apenas llegaba hasta el enorme hombro de Buck.

Ulvens hoved nåede knap nok op til Bucks massive skulder.

Al acecho de un hueco, el lobo salió disparado y la persecución comenzó de nuevo.

Ulven spejdede efter et hul, flygtede, og jagten begyndte igen.

Varias veces Buck lo acorraló y el baile se repitió.

Flere gange trængte Buck ham op i et hjørne, og dansen gentog sig.

El lobo estaba delgado y débil, de lo contrario Buck no podría haberlo atrapado.

Ulven var tynd og svag, ellers kunne Buck ikke have fanget ham.

Cada vez que Buck se acercaba, el lobo giraba y lo enfrentaba con miedo.

Hver gang Buck kom tættere på, snurrede ulven rundt og vendte sig mod ham i frygt.

Luego, a la primera oportunidad, se lanzó de nuevo al bosque.

Så ved første chance skyndte han sig ind i skoven igen.

Pero Buck no se dio por vencido y finalmente el lobo comenzó a confiar en él.

Men Buck gav ikke op, og endelig kom ulven til at stole på ham.

Olió la nariz de Buck y los dos se pusieron juguetones y alertas.

Han snøftede Bucks næse, og de to blev legesyge og årvågne.

Jugaban como animales salvajes, feroces pero tímidos en su alegría.

De legede som vilde dyr, vilde, men generte i deres glæde.

Después de un rato, el lobo se alejó trotando con calma y propósito.

Efter et stykke tid travede ulven afsted med roligt og beslutsomt mål.

Le demostró claramente a Buck que tenía la intención de que lo siguieran.

Han viste tydeligt Buck, at han ville følges efter.

Corrieron uno al lado del otro a través de la penumbra del crepúsculo.

De løb side om side gennem tusmørket.

Siguieron el lecho del arroyo hasta el desfiladero rocoso.

De fulgte åens leje op i den klippefyldte kløft.

Cruzaron una divisoria fría donde había comenzado el arroyo.

De krydsede en kold kløft, hvor strømmen var begyndt.

En la ladera más alejada encontraron un extenso bosque y numerosos arroyos.

På den fjerne skråning fandt de en vidtstrakt skov og mange vandløb.

Por esta vasta tierra corrieron durante horas sin parar.

Gennem dette vidtstrakte land løb de i timevis uden at stoppe.

El sol salió más alto, el aire se calentó, pero ellos siguieron corriendo.

Solen stod højere op, luften blev varm, men de løb videre.

Buck estaba lleno de alegría: sabía que estaba respondiendo a su llamado.

Buck var fyldt med glæde – han vidste, at han besvarede sit kald.

Corrió junto a su hermano del bosque, más cerca de la fuente del llamado.

Han løb ved siden af sin skovbror, tættere på kaldet.

Los viejos sentimientos regresaron, poderosos y difíciles de ignorar.

Gamle følelser vendte tilbage, stærke og svære at ignorere.

Éstas eran las verdades detrás de los recuerdos de sus sueños.

Dette var sandhederne bag minderne fra hans drømme.

Todo esto ya lo había hecho antes, en un mundo distante y sombrío.

Han havde gjort alt dette før i en fjern og skyggefuld verden.

Ahora lo hizo de nuevo, corriendo salvajemente con el cielo abierto encima.

Nu gjorde han det igen, løb vild med den åbne himmel ovenover.

Se detuvieron en un arroyo para beber del agua fría que fluía.

De stoppede ved en bæk for at drikke af det kolde, strømmende vand.

Mientras bebía, Buck de repente recordó a John Thornton.

Mens han drak, huskede Buck pludselig John Thornton.

Se sentó en silencio, desgarrado por la atracción de la lealtad y el llamado.

Han satte sig ned i stilhed, splittet af loyalitetens og kaldelsens tiltrækningskraft.

El lobo siguió trotando, pero regresó para impulsar a Buck a seguir adelante.

Ulven travede videre, men kom tilbage for at anspore Buck frem.

Le olisqueó la nariz y trató de convencerlo con gestos suaves.

Han snøftede til næsen og forsøgte at lokke ham med blide gestus.

Pero Buck se dio la vuelta y comenzó a regresar por donde había venido.

Men Buck vendte sig om og begyndte at gå tilbage den vej, han kom fra.

El lobo corrió a su lado durante un largo rato, gimiendo silenciosamente.

Ulven løb ved siden af ham i lang tid og klynkede stille.

Luego se sentó, levantó la nariz y dejó escapar un largo aullido.

Så satte han sig ned, løftede næsen og udstødte et langt hyl.

Fue un grito triste, que se suavizó cuando Buck se alejó.

Det var et sørgmodigt skrig, der blev blødere, da Buck gik væk.

Buck escuchó mientras el sonido del grito se desvanecía lentamente en el silencio del bosque.

Buck lyttede, mens lyden af råbet langsomt forsvandt ind i skovens stilhed.

John Thornton estaba cenando cuando Buck irrumpió en el campamento.

John Thornton spiste aftensmad, da Buck brasede ind i lejren.

Buck saltó sobre él salvajemente, lamiéndolo, mordiéndolo y haciéndolo caer.

Buck sprang vildt på ham, slikkede, bed og væltede ham.

Lo derribó, se subió encima y le besó la cara.

Han væltede ham omkuld, kravlede ovenpå og kyssede ham i ansigtet.

Thornton lo llamó con cariño "hacer el tonto en general".

Thornton kaldte dette at "spille den generelle nar" med hengivenhed.

Mientras tanto, maldijo a Buck suavemente y lo sacudió de un lado a otro.

Hele tiden forbandede han blidt Buck og rystede ham frem og tilbage.

Durante dos días y dos noches enteras, Buck no abandonó el campamento ni una sola vez.

I to hele dage og nætter forlod Buck ikke lejren én eneste gang.

Se mantuvo cerca de Thornton y nunca lo perdió de vista.

Han holdt sig tæt til Thornton og lod ham aldrig ud af syne.

Lo siguió mientras trabajaba y lo observó mientras comía.

Han fulgte ham, mens han arbejdede, og holdt øje med ham, mens han spiste.

Acompañaba a Thornton con sus mantas por la noche y lo salía cada mañana.

Han så Thornton ned i sine tæpper om natten og ude hver morgen.

Pero pronto el llamado del bosque regresó, más fuerte que nunca.

Men snart vendte skovens kalden tilbage, højere end nogensinde før.

Buck volvió a inquietarse, agitado por los pensamientos del lobo salvaje.

Buck blev rastløs igen, oprørt af tanker om den vilde ulv.

Recordó el terreno abierto y correr uno al lado del otro.

Han huskede det åbne land og det at løbe side om side.

Comenzó a vagar por el bosque una vez más, solo y alerta.

Han begyndte at vandre ind i skoven endnu engang, alene og årvågen.

Pero el hermano salvaje no regresó y el aullido no se escuchó.

Men den vilde bror vendte ikke tilbage, og hylet blev ikke hørt.

Buck comenzó a dormir a la intemperie, manteniéndose alejado durante días.

Buck begyndte at sove udenfor og blev væk i dagevis.

Una vez cruzó la alta divisoria donde había comenzado el arroyo.

Engang krydsede han den høje kløft, hvor bækken var startet.

Entró en la tierra de la madera oscura y de los arroyos anchos y fluidos.

Han kom ind i landet med mørkt træ og brede, strømmende vandløb.

Durante una semana vagó en busca de señales del hermano salvaje.

I en uge strejfede han rundt og ledte efter tegn på den vilde bror.

Mataba su propia carne y viajaba con pasos largos e incansables.

Han dræbte sit eget kød og rejste med lange, utrættelige skridt.

Pescaba salmón en un ancho río que llegaba al mar.

Han fiskede efter laks i en bred flod, der nåede ud til havet.

Allí luchó y mató a un oso negro enloquecido por los insectos.

Der kæmpede han mod og dræbte en sort bjørn, der var vanvittig af insekter.

El oso estaba pescando y corrió ciegamente entre los árboles.

Bjørnen havde været ude at fiske og løb i blinde gennem træerne.

La batalla fue feroz y despertó el profundo espíritu de lucha de Buck.

Kampen var hård og vækkede Bucks dybe kampgejst.

Dos días después, Buck regresó y encontró glotones en su presa.

To dage senere vendte Buck tilbage og fandt jerv ved sit byg.

Una docena de ellos se pelearon con furia y ruidosidad por la carne.

Et dusin af dem skændtes om kødet i larmende raseri.

Buck cargó y los dispersó como hojas en el viento.

Buck angreb og spredte dem som blade i vinden.

Dos lobos permanecieron atrás, silenciosos, sin vida e inmóviles para siempre.

To ulve blev tilbage – tavse, livløse og ubevægelige for evigt.

La sed de sangre se hizo más fuerte que nunca.

Tørsten efter blod blev stærkere end nogensinde.

Buck era un cazador, un asesino, que se alimentaba de criaturas vivas.

Buck var en jæger, en morder, der levede af levende væsner.

Sobrevivió solo, confiando en su fuerza y sus sentidos agudos.

Han overlevede alene, idet han stolede på sin styrke og skarpe sanser.

Prosperó en la naturaleza, donde sólo los más resistentes podían vivir.

Han trivedes i naturen, hvor kun de mest seje kunne leve.

A partir de esto, un gran orgullo surgió y llenó todo el ser de Buck.

Fra dette rejste en stor stolthed sig og fyldte hele Bucks væsen.

Su orgullo se reflejaba en cada uno de sus pasos, en el movimiento de cada músculo.

Hans stolthed viste sig i hvert eneste skridt, i bølgen i hver en muskel.

Su orgullo era tan claro como sus palabras, y se reflejaba en su manera de comportarse.

Hans stolthed var lige så tydelig som tale, hvilket fremgik af, hvordan han opførte sig.

Incluso su grueso pelaje parecía más majestuoso y brillaba más.

Selv hans tykke pels så mere majestætisk ud og glimtede klarere.

Buck podría haber sido confundido con un lobo gigante.

Buck kunne være blevet forvekslet med en kæmpe skovulv.

A excepción del color marrón en el hocico y las manchas sobre los ojos.

Bortset fra brunt på snuden og pletter over øjnene.

Y la raya blanca de pelo que corría por el centro de su pecho.

Og den hvide pelsstribe, der løb ned langs midten af hans bryst.

Era incluso más grande que el lobo más grande de esa feroz raza.

Han var endda større end den største ulv af den vilde race.

Su padre, un San Bernardo, le dio tamaño y complexión robusta.

Hans far, en sanktbernhardshund, gav ham størrelse og en tung kropsbygning.

Su madre, una pastora, moldeó esa masa hasta darle forma de lobo.

Hans mor, en hyrde, formede den masse til en ulvelignende form.

Tenía el hocico largo de un lobo, aunque más pesado y ancho.

Han havde en ulvs lange snude, dog tungere og bredere.

Su cabeza era la de un lobo, pero construida en una escala enorme y majestuosa.

Hans hoved var en ulves, men bygget i en massiv, majestætisk skala.

La astucia de Buck era la astucia del lobo y de la naturaleza.

Bucks snuhed var ulvens og vildmarkens snuhed.

Su inteligencia provenía tanto del pastor alemán como del san bernardo.

Hans intelligens kom fra både schæferhunden og sanktbernhardshunden.

Todo esto, más la dura experiencia, lo convirtieron en una criatura temible.

Alt dette, plus barske erfaringer, gjorde ham til en frygtindgydende skabning.

Era tan formidable como cualquier bestia que vagaba por las tierras salvajes del norte.

Han var lige så frygtindgydende som ethvert andet dyr, der strejfede rundt i den nordlige vildmark.

Viviendo sólo de carne, Buck alcanzó el máximo nivel de su fuerza.

Buck levede udelukkende af kød og nåede sit fulde højdepunkt.

Rebosaba poder y fuerza masculina en cada fibra de él.

Han flød over af magt og maskulin styrke i hver en fiber af sig.

Cuando Thornton le acarició la espalda, sus pelos brillaron con energía.

Da Thornton strøg ham over ryggen, funklede hårene af energi.

Cada cabello crujió, cargado con el toque de un magnetismo vivo.

Hvert hår knitrede, ladet med en berøring af levende magnetisme.

Su cuerpo y su cerebro estaban afinados al máximo nivel posible.

Hans krop og hjerne var indstillet til den finest mulige tonehøjde.

Cada nervio, fibra y músculo trabajaba en perfecta armonía.

Hver nerve, fiber og muskel arbejdede i perfekt harmoni.

Ante cualquier sonido o visión que requiriera acción, él respondía instantáneamente.

På enhver lyd eller syn, der krævede handling, reagerede han øjeblikkeligt.

Si un husky saltaba para atacar, Buck podía saltar el doble de rápido.

Hvis en husky sprang for at angribe, kunne Buck springe dobbelt så hurtigt.

Reaccionó más rápido de lo que los demás pudieron verlo o escuchar.

Han reagerede hurtigere, end andre overhovedet kunne se eller høre.

La percepción, la decisión y la acción se produjeron en un momento fluido.

Opfattelse, beslutning og handling kom alle i ét flydende øjeblik.

En realidad, estos actos fueron separados, pero demasiado rápidos para notarlos.

I sandhed var disse handlinger separate, men for hurtige til at blive bemærket.

Los intervalos entre estos actos fueron tan breves que parecían uno solo.

Så korte var mellemrummene mellem disse handlinger, at de syntes som én.

Sus músculos y su ser eran como resortes fuertemente enrollados.

Hans muskler og væsen var som tæt sammenkrøllede fjedre.

Su cuerpo rebosaba de vida, salvaje y alegre en su poder.

Hans krop sprudlede af liv, vild og glædesfyldt i sin kraft.

A veces sentía como si la fuerza fuera a estallar fuera de él por completo.

Til tider følte han, at kraften ville bryde fuldstændigt ud af ham.

"Nunca vi un perro así", dijo Thornton un día tranquilo.

"Der har aldrig været sådan en hund," sagde Thornton en stille dag.

Los socios observaron a Buck alejarse orgullosamente del campamento.

Partnerne så Buck stolt skridte ud af lejren.

"Cuando lo crearon, cambió lo que un perro puede ser", dijo Pete.

"Da han blev skabt, ændrede han, hvad en hund kan være," sagde Pete.

—¡Por Dios! Yo también lo creo —respondió Hans rápidamente.

"Ved Jesus! Det tror jeg selv," svarede Hans hurtigt.

Lo vieron marcharse, pero no el cambio que vino después.

De så ham marchere væk, men ikke den forandring, der kom efter.

Tan pronto como entró en el bosque, Buck se transformó por completo.

Så snart han kom ind i skoven, forvandlede Buck sig fuldstændigt.

Ya no marchaba, sino que se movía como un fantasma salvaje entre los árboles.

Han marcherede ikke længere, men bevægede sig som et vildt spøgelse blandt træer.

Se quedó en silencio, con pasos de gato, un destello que pasaba entre las sombras.

Han blev tavs, med kattefødder, et glimt der gled gennem skyggerne.

Utilizó la cubierta con habilidad, arrastrándose sobre su vientre como una serpiente.

Han dækkede sig med dygtighed og kravlede på maven som en slange.

Y como una serpiente, podía saltar hacia adelante y atacar en silencio.

Og ligesom en slange kunne han springe frem og slå til i stilhed.

Podría robar una perdiz nival directamente de su nido escondido.

Han kunne stjæle en rype direkte fra dens skjulte rede.

Mató conejos dormidos sin hacer un solo sonido.

Han dræbte sovende kaniner uden en eneste lyd.

Podía atrapar ardillas en el aire cuando huían demasiado lentamente.

Han kunne fange jordegernene midt i luften, da de flygtede for langsomt.

Ni siquiera los peces en los estanques podían escapar de sus ataques repentinos.

Selv fisk i damme kunne ikke undslippe hans pludselige angreb.

Ni siquiera los castores más inteligentes que arreglaban presas estaban a salvo de él.

Selv ikke kloge bævere, der reparerede dæmninger, var sikre for ham.

Él mataba por comida, no por diversión, pero prefería matar a sus propias víctimas.

Han dræbte for mad, ikke for sjov – men kunne bedst lide sine egne drab.

Aun así, un humor astuto impregnaba algunas de sus cacerías silenciosas.

Alligevel løb der en snedig humor gennem nogle af hans stille jagter.

Se acercó sigilosamente a las ardillas, pero las dejó escapar.

Han sneg sig tæt på egern, kun for at lade dem undslippe.

Iban a huir hacia los árboles, parloteando con terrible indignación.

De ville flygte til træerne, mens de snakkede i frygtsom forargelse.

A medida que llegaba el otoño, los alces comenzaron a aparecer en mayor número.

Da efteråret kom, begyndte elge at dukke op i større antal.

Avanzaron lentamente hacia los valles bajos para encontrarse con el invierno.

De bevægede sig langsomt ind i de lave dale for at møde vinteren.

Buck ya había derribado a un ternero joven y perdido.

Buck havde allerede nedlagt en ung, vildfaren kalv.

Pero anhelaba enfrentarse a presas más grandes y peligrosas.

Men han længtes efter at stå over for større og farligere bytte.

Un día, en la divisoria, a la altura del nacimiento del arroyo, encontró su oportunidad.

En dag på kløften, ved bækkens udspring, fandt han sin chance.

Una manada de veinte alces había cruzado desde tierras boscosas.

En flok på tyve elge var krydset over fra skovområder.

Entre ellos había un poderoso toro; el líder del grupo.

Blandt dem var en mægtig tyr; gruppens leder.

El toro medía más de seis pies de alto y parecía feroz y salvaje.

Tyren var over to meter høj og så vild og voldsom ud.

Lanzó sus anchas astas, con catorce puntas ramificándose hacia afuera.

Han kastede sine brede gevirer, fjorten spidser forgrenede sig udad.

Las puntas de esas astas se extendían siete pies de ancho.

Spidserne af disse gevirer strakte sig syv fod i diameter.

Sus pequeños ojos ardieron de rabia cuando vio a Buck cerca.

Hans små øjne brændte af raseri, da han fik øje på Buck i nærheden.

Soltó un rugido furioso, temblando de furia y dolor.

Han udstødte et rasende brøl, rystende af raseri og smerte.

Una punta de flecha sobresalía cerca de su flanco, emplumada y afilada.

En pilespids stak ud nær hans flanke, fjerklædt og skarp.

Esta herida ayudó a explicar su humor salvaje y amargado.

Dette sår var med til at forklare hans vilde, bitre humør.

Buck, guiado por su antiguo instinto de caza, hizo su movimiento.

Buck, styret af ældgammel jagtinstinkt, gjorde sit træk.

Su objetivo era separar al toro del resto de la manada.

Han havde til formål at adskille tyren fra resten af flokken.

No fue una tarea fácil: requirió velocidad y una astucia feroz.

Det var ingen nem opgave – det krævede hurtighed og vild list.

Ladró y bailó cerca del toro, fuera de su alcance.

Han gøede og dansede nær tyren, lige uden for rækkevidde.

El alce atacó con enormes pezuñas y astas mortales.

Elgen forsvandt med enorme hove og dødbringende gevirer.

Un golpe podría haber acabado con la vida de Buck en un instante.

Et slag kunne have afsluttet Bucks liv på et splitsekund.

Incapaz de dejar atrás la amenaza, el toro se volvió loco.

Da tyren ikke kunne lægge truslen bag sig, blev den rasende.

Él cargó con furia, pero Buck siempre se le escapaba.

Han angreb i raseri, men Buck smuttede altid væk.

Buck fingió debilidad, lo que lo alejó aún más de la manada.

Buck foregav svaghed og lokkede ham længere væk fra flokken.

Pero los toros jóvenes estaban a punto de atacar para proteger al líder.

Men unge tyre ville storme tilbage for at beskytte lederen.

Obligaron a Buck a retirarse y al toro a reincorporarse al grupo.

De tvang Buck til at trække sig tilbage og tyren til at slutte sig til gruppen igen.

Hay una paciencia en lo salvaje, profunda e imparable.

Der er en tålmodighed i det vilde, dyb og ustoppelig.

Una araña espera inmóvil en su red durante incontables horas.

En edderkop venter ubevægelig i sit spind i utallige timer.

Una serpiente se enrosca sin moverse y espera hasta que llega el momento.

En slange snor sig uden at rykke og venter, indtil tiden er inde.

Una pantera acecha hasta que llega el momento.

En panter ligger i baghold, indtil øjeblikket oprinder.

Ésta es la paciencia de los depredadores que cazan para sobrevivir.

Dette er tålmodigheden hos rovdyr, der jager for at overleve.

Esa misma paciencia ardía dentro de Buck mientras se quedaba cerca.

Den samme tålmodighed brændte i Buck, mens han blev tæt på.

Se quedó cerca de la manada, frenando su marcha y sembrando el miedo.

Han blev i nærheden af flokken, bremsede dens march og vakte frygt.

Provocaba a los toros jóvenes y acosaba a las vacas madres.

Han drillede de unge tyre og chikanerede moderkøerne.

Empujó al toro herido hacia una rabia más profunda e impotente.

Han drev den sårede tyr ud i et dybere, hjælpeløst raseri.

Durante medio día, la lucha se prolongó sin descanso alguno.

I en halv dag trak kampen ud uden nogen hvile overhovedet.

Buck atacó desde todos los ángulos, rápido y feroz como el viento.

Buck angreb fra alle vinkler, hurtigt og voldsomt som vinden.

Impidió que el toro descansara o se escondiera con su manada.

Han forhindrede tyren i at hvile sig eller gemme sig sammen med sin flok.

Buck desgastó la voluntad del alce más rápido que su cuerpo.

Buck udmattede elgens vilje hurtigere end dens krop.

El día transcurrió y el sol se hundió en el cielo del noroeste.

Dagen gik, og solen sank lavt på den nordvestlige himmel.

Los toros jóvenes regresaron más lentamente para ayudar a su líder.

De unge tyre vendte langsommere tilbage for at hjælpe deres leder.

Las noches de otoño habían regresado y la oscuridad ahora duraba seis horas.

Efterårsnætterne var vendt tilbage, og mørket varede nu seks timer.

El invierno los estaba empujando cuesta abajo hacia valles más seguros y cálidos.

Vinteren pressede dem ned ad bakke ned i sikrere, varmere dale.

Pero aún así no pudieron escapar del cazador que los retenía.

Men de kunne stadig ikke undslippe jægeren, der holdt dem tilbage.

Sólo una vida estaba en juego: no la de la manada, sino la de su líder.

Kun ét liv stod på spil – ikke flokkens, kun deres leders.

Eso hizo que la amenaza fuera distante y no su preocupación urgente.

Det gjorde truslen fjern og ikke deres presserende bekymring.

Con el tiempo, aceptaron ese coste y dejaron que Buck se llevara al viejo toro.

Med tiden accepterede de denne pris og lod Buck tage den gamle tyr.

Al caer la tarde, el viejo toro permanecía con la cabeza gacha.

Da tusmørket faldt på, stod den gamle tyr med hovedet nedad.

Observó cómo la manada que había guiado se desvanecía en la luz que se desvanecía.

Han så den flok, han havde ført, forsvinde i det svindende lys.

Había vacas que había conocido, terneros que una vez había engendrado.

Der var køer han havde kendt, kalve han engang var far til.

Había toros más jóvenes con los que había luchado y gobernado en temporadas pasadas.

Der var yngre tyre, han havde kæmpet mod og hersket over i tidligere sæsoner.

No pudo seguirlos, pues frente a él estaba agazapado nuevamente Buck.

Han kunne ikke følge efter dem – for foran ham krøb Buck
igen sammen.

**El terror despiadado con colmillos bloqueó cualquier
camino que pudiera tomar.**

Den nådesløse, hugtændte rædsel blokerede enhver vej, han
måtte tage.

El toro pesaba más de trescientos kilos de densa potencia.

Tyren vejede mere end tre hundrede vægt tæt kraft.

**Había vivido mucho tiempo y luchado con ahínco en un
mundo de luchas.**

Han havde levet længe og kæmpet hårdt i en verden præget af
kamp.

**Pero ahora, al final, la muerte vino de una bestia muy
inferior a él.**

Men nu, til sidst, kom døden fra et bæst langt under ham.

**La cabeza de Buck ni siquiera llegó a alcanzar las enormes
rodillas del toro.**

Bucks hoved nåede ikke engang op til tyrens enorme,
knoklede knæ.

**A partir de ese momento, Buck permaneció con el toro noche
y día.**

Fra det øjeblik blev Buck hos tyren nat og dag.

Nunca le dio descanso, nunca le permitió pastar ni beber.

Han gav ham aldrig hvile, tillod ham aldrig at græsse eller
drikke.

**El toro intentó comer brotes tiernos de abedul y hojas de
sauce.**

Tyren forsøgte at spise unge birkeskud og pileblade.

Pero Buck lo ahuyentó, siempre alerta y siempre atacando.

Men Buck drev ham væk, altid årvågen og altid angribende.

**Incluso ante arroyos que goteaban, Buck bloqueó cada
intento de sed.**

Selv ved rislende bække blokerede Buck ethvert forsøg på at
slippe tørstigt.

A veces, desesperado, el toro huía a toda velocidad.

Nogle gange, i desperation, flygtede tyren i fuld fart.

Buck lo dejó correr, trotando tranquilamente detrás, nunca muy lejos.

Buck lod ham løbe, roligt løbende lige bagved, aldrig langt væk.

Cuando el alce se detuvo, Buck se acostó, pero se mantuvo listo.

Da elgen holdt pause, lagde Buck sig ned, men forblev klar.

Si el toro intentaba comer o beber, Buck atacaba con toda furia.

Hvis tyren forsøgte at spise eller drikke, slog Buck til med al sin raseri.

La gran cabeza del toro se hundió aún más bajo sus enormes astas.

Tyrens store hoved sank længere ned under dens enorme gevir.

Su paso se hizo más lento, el trote se hizo pesado, un paso tambaleante.

Hans tempo faldt, traven blev tung; en snublende skridt.

A menudo se quedaba quieto con las orejas caídas y la nariz pegada al suelo.

Han stod ofte stille med hængende ører og snuden mod jorden.

Durante esos momentos, Buck se tomó tiempo para beber y descansar.

I disse øjeblikke tog Buck sig tid til at drikke og hvile.

Con la lengua afuera y los ojos fijos, Buck sintió que la tierra estaba cambiando.

Med tungen ude, øjnene rettet, fornemmede Buck at landet var ved at forandre sig.

Sintió algo nuevo moviéndose a través del bosque y el cielo.

Han følte noget nyt bevæge sig gennem skoven og himlen.

A medida que los alces regresaban, también lo hacían otras criaturas salvajes.

Da elgene vendte tilbage, gjorde andre vilde skabninger det også.

La tierra se sentía viva, con presencia, invisible pero fuertemente conocida.

Landet føltes levende med tilstedeværelse, usynligt men stærkt kendt.

No fue por el sonido, ni por la vista, ni por el olfato que Buck supo esto.

Det var hverken ved lyd, syn eller lugt, at Buck vidste dette.

Un sentimiento más profundo le decía que nuevas fuerzas estaban en movimiento.

En dybere fornemmelse fortalte ham, at nye kræfter var på vej.

Una vida extraña se agitaba en los bosques y a lo largo de los arroyos.

Mærkeligt liv rørte sig i skovene og langs vandløbene.

Decidió explorar este espíritu, después de que la caza se completara.

Han besluttede at udforske denne ånd, efter jagten var færdig.

Al cuarto día, Buck finalmente logró derribar al alce.

På den fjerde dag nedlagde Buck endelig elgen.

Se quedó junto a la presa durante un día y una noche enteros, alimentándose y descansando.

Han blev ved byget en hel dag og nat, hvor han spiste og hvilede sig.

Comió, luego durmió, luego volvió a comer, hasta que estuvo fuerte y lleno.

Han spiste, så sov han, og så spiste han igen, indtil han var stærk og mæt.

Cuando estuvo listo, regresó hacia el campamento y Thornton.

Da han var klar, vendte han tilbage mod lejren og Thornton.

Con ritmo constante, inició el largo viaje de regreso a casa.

Med roligt tempo begyndte han den lange hjemrejse.

Corría con su incansable galope, hora tras hora, sin desviarse jamás.

Han løb i sin utrættelige vandring, time efter time, uden at fare vild et eneste øjeblik.

A través de tierras desconocidas, se movió recto como la aguja de una brújula.

Gennem ukendte lande bevægede han sig lige som en kompasnål.

Su sentido de la orientación hacía que el hombre y el mapa parecieran débiles en comparación.

Hans retningssans fik mennesket og kort til at virke svage i sammenligning.

A medida que Buck corría, sentía con más fuerza la agitación en la tierra salvaje.

Mens Buck løb, mærkede han stærkere røret i det vilde landskab.

Era un nuevo tipo de vida, diferente a la de los tranquilos meses de verano.

Det var en ny slags liv, i modsætning til de rolige sommermåneders.

Este sentimiento ya no llegaba como un mensaje sutil o distante.

Denne følelse kom ikke længere som en subtil eller fjern besked.

Ahora los pájaros hablaban de esta vida y las ardillas parloteaban sobre ella.

Nu talte fuglene om dette liv, og egernene snakkede om det.

Incluso la brisa susurraba advertencias a través de los árboles silenciosos.

Selv brisen hviskede advarsler gennem de stille træer.

Varias veces se detuvo y olió el aire fresco de la mañana.

Flere gange stoppede han og indsnusede den friske morgenluft.

Allí leyó un mensaje que le hizo avanzar más rápido.

Der læste han en besked, der fik ham til at springe hurtigere fremad.

Una fuerte sensación de peligro lo llenó, como si algo hubiera salido mal.

En stærk følelse af fare fyldte ham, som om noget var gået galt.

Temía que se avecinara una calamidad, o que ya hubiera ocurrido.

Han frygtede, at en ulykke var på vej – eller allerede var kommet.

Cruzó la última cresta y entró en el valle de abajo.

Han krydsede den sidste højderyg og kom ind i dalen nedenfor.

Se movió más lentamente, alerta y cauteloso con cada paso.

Han bevægede sig langsommere, årvågen og forsigtig med hvert skridt.

A tres millas de distancia encontró un nuevo rastro que lo hizo ponerse rígido.

Tre mil ude fandt han et nyt spor, der fik ham til at stivne.

El cabello de su cuello se onduló y se erizó en señal de alarma.

Håret langs hans hals bølgede og strittede i alarm.

El sendero conducía directamente al campamento donde Thornton esperaba.

Stien førte direkte mod lejren, hvor Thornton ventede.

Buck se movió más rápido ahora, su paso era silencioso y rápido.

Buck bevægede sig hurtigere nu, hans skridt både lydløse og hurtige.

Sus nervios se tensaron al leer señales que otros no verían.

Hans nerver snørede sig, da han læste tegn på, at andre ville overse.

Cada detalle del recorrido contaba una historia, excepto la pieza final.

Hver detalje på ruten fortalte en historie – undtagen det sidste stykke.

Su nariz le contaba sobre la vida que había transcurrido por allí.

Hans næse fortalte ham om det liv, der var gået forbi på denne måde.

El olor le dio una imagen cambiante mientras lo seguía de cerca.

Duften gav ham et skiftende billede, mens han fulgte tæt efter.

Pero el bosque mismo había quedado en silencio; anormalmente quieto.

Men selve skoven var blevet stille; unaturligt stille.

Los pájaros habían desaparecido, las ardillas estaban escondidas, silenciosas y quietas.

Fuglene var forsvundet, egern var skjult, tavse og stille.

Sólo vio una ardilla gris, tumbada sobre un árbol muerto.

Han så kun ét gråt egern, fladt på et dødt træ.

La ardilla se mimetizó, rígida e inmóvil como una parte del bosque.

Egernet blandede sig med, stift og ubevægeligt som en del af skoven.

Buck se movía como una sombra, silencioso y seguro entre los árboles.

Buck bevægede sig som en skygge, tavs og sikker gennem træerne.

Su nariz se movió hacia un lado como si una mano invisible la tirara.

Hans næse blev trukket til side, som om en usynlig hånd havde trukket i ham.

Se giró y siguió el nuevo olor hasta lo profundo de un matorral.

Han vendte sig og fulgte den nye duft dybt ind i et krat.

Allí encontró a Nig, que yacía muerto, atravesado por una flecha.

Der fandt han Nig, liggende død, gennemboret af en pil.

La flecha atravesó su cuerpo y aún se le veían las plumas.

Skaftet gik gennem hans krop, fjerene stadig synlige.

Nig se arrastró hasta allí, pero murió antes de llegar para recibir ayuda.

Nig havde slæbt sig derhen, men døde, før han nåede frem til hjælp.

Cien metros más adelante, Buck encontró otro perro de trineo.

Hundrede meter længere fremme fandt Buck en anden slædehund.

Era un perro que Thornton había comprado en Dawson City.

Det var en hund, som Thornton havde købt tilbage i Dawson City.

El perro se encontraba en una lucha a muerte, agitándose con fuerza en el camino.

Hunden var i en dødskamp og kæmpede hårdt på stien.

Buck pasó a su alrededor, sin detenerse, con los ojos fijos hacia adelante.
Buck gik uden at stoppe, med blikket rettet fremad.

Desde la dirección del campamento llegaba un canto distante y rítmico.
Fra lejrens retning kom en fjern, rytmisk sang.

Las voces subían y bajaban en un tono extraño, inquietante y cantarín.
Stemmer steg og faldt i en mærkelig, uhyggelig, syngende tone.

Buck se arrastró hacia el borde del claro en silencio.
Buck kravlede frem til kanten af lysningen i stilhed.

Allí vio a Hans tendido boca abajo, atravesado por muchas flechas.
Der så han Hans ligge med ansigtet nedad, gennemboret af mange pile.

Su cuerpo parecía el de un puercoespín, erizado de plumas.
Hans krop lignede et pindsvin, strittende med fjerklædte skafter.

En ese mismo momento, Buck miró hacia la cabaña en ruinas.
I samme øjeblik kiggede Buck mod den ødelagte hytte.

La visión hizo que se le erizara el pelo de la nuca y de los hombros.
Synet fik håret til at rejse sig på hans nakke og skuldre.

Una tormenta de furia salvaje recorrió todo el cuerpo de Buck.
En storm af vildt raseri fejede gennem hele Bucks krop.

Gruñó en voz alta, aunque no sabía que lo había hecho.
Han knurrede højt, selvom han ikke vidste, at han havde gjort det.

El sonido era crudo, lleno de furia aterradora y salvaje.
Lyden var rå, fyldt med skræmmende, vild raseri.

Por última vez en su vida, Buck perdió la razón ante la emoción.
For sidste gang i sit liv mistede Buck fornuften til fordel for følelserne.

Fue el amor por John Thornton lo que rompió su cuidadoso control.

Det var kærligheden til John Thornton, der brød hans omhyggelige kontrol.

Los Yeehats estaban bailando alrededor de la cabaña de abetos en ruinas.

Yeehat-familien dansede rundt om den ødelagte granhytte.

Entonces se escuchó un rugido y una bestia desconocida cargó hacia ellos.

Så lød et brøl – og et ukendt bæst stormede mod dem.

Era Buck; una furia en movimiento; una tormenta viviente de venganza.

Det var Buck; et raseri i bevægelse; en levende hævnstorm.

Se arrojó en medio de ellos, loco por la necesidad de matar.

Han kastede sig midt iblandt dem, rasende af trang til at dræbe.

Saltó hacia el primer hombre, el jefe Yeehat, y acertó.

Han sprang mod den første mand, Yeehat-høvdingen, og ramte sandt.

Su garganta fue desgarrada y la sangre brotó a chorros.

Hans hals var flået op, og blodet sprøjtede ud i en strøm.

Buck no se detuvo, sino que desgarró la garganta del siguiente hombre de un salto.

Buck stoppede ikke, men rev den næste mands hals over med ét spring.

Era imparable: desgarraba, cortaba y nunca se detenía a descansar.

Han var ustoppelig – flåede, skar, og holdt aldrig pause for at hvile.

Se lanzó y saltó tan rápido que sus flechas no pudieron tocarlo.

Han pilede og sprang så hurtigt, at deres pile ikke kunne ramme ham.

Los Yeehats estaban atrapados en su propio pánico y confusión.

Yeehat-familien var fanget i deres egen panik og forvirring.

Sus flechas no alcanzaron a Buck y se alcanzaron entre sí.

Deres pile ramte ikke Buck og ramte i stedet hinanden.

Un joven le lanzó una lanza a Buck y golpeó a otro hombre.

En ung mand kastede et spyd mod Buck og ramte en anden mand.

La lanza le atravesó el pecho y la punta le atravesó la espalda.

Spydet skar gennem hans bryst, og spidsen stødte ud i hans ryg.

El terror se apoderó de los Yeehats y se retiraron por completo.

Rædsel skyllede over Yeehat-familien, og de brød på fuldt tilbagetog.

Gritaron al Espíritu Maligno y huyeron hacia las sombras del bosque.

De skreg af den onde ånd og flygtede ind i skovens skygger.

En verdad, Buck era como un demonio mientras perseguía a los Yeehats.

Buck var sandelig som en dæmon, da han jagtede Yeehat-familien.

Él los persiguió a través del bosque, derribándolos como si fueran ciervos.

Han løb efter dem gennem skoven og fældede dem som hjorte.

Se convirtió en un día de destino y terror para los asustados Yeehats.

Det blev en skæbnens og rædslernes dag for de skræmte Yeehats.

Se dispersaron por toda la tierra, huyendo lejos en todas direcciones.

De spredtes over landet og flygtede vidt i alle retninger.

Pasó una semana entera antes de que los últimos supervivientes se reunieran en un valle.

En hel uge gik, før de sidste overlevende mødtes i en dal.

Sólo entonces contaron sus pérdidas y hablaron de lo sucedido.

Først da optalte de deres tab og talte om, hvad der var sket.

Buck, después de cansarse de la persecución, regresó al campamento en ruinas.

Efter at være blevet træt af jagten vendte Buck tilbage til den ødelagte lejr.

Encontró a Pete, todavía en sus mantas, muerto en el primer ataque.

Han fandt Pete, stadig i sine tæpper, dræbt i det første angreb.

Las señales de la última lucha de Thornton estaban marcadas en la tierra cercana.

Spor af Thorntons sidste kamp var markeret i jorden i nærheden.

Buck siguió cada rastro, olfateando cada marca hasta un punto final.

Buck fulgte hvert spor og snusede til hvert mærke til et sidste punkt.

En el borde de un estanque profundo, encontró al fiel Skeet, tumbado inmóvil.

Ved kanten af en dyb pool fandt han den trofaste Skeet, liggende stille.

La cabeza y las patas delanteras de Skeet estaban en el agua, inmóviles por la muerte.

Skeets hoved og forpoter var i vandet, ubevægelige i døden.

La piscina estaba fangosa y contaminada por el agua que salía de las compuertas.

Poolen var mudret og tilsmudset med afstrømning fra sluseboksene.

Su superficie nublada ocultaba lo que había debajo, pero Buck sabía la verdad.

Dens skyede overflade skjulte, hvad der lå nedenunder, men Buck kendte sandheden.

Siguió el rastro del olor de Thornton hasta la piscina, pero el olor no lo condujo a ningún otro lugar.

Han sporede Thorntons duft ned i dammen – men duften førte ingen andre steder hen.

No había ningún olor que indicara que salía, solo el silencio de las aguas profundas.

Der var ingen duft, der førte ud – kun stilheden af det dybt vand.

Buck permaneció todo el día cerca de la piscina, paseando de un lado a otro del campamento con tristeza.

Hele dagen blev Buck ved dammen og gik sorgfuldt frem og tilbage i lejren.

Vagaba inquieto o permanecía sentado en silencio, perdido en pesados pensamientos.

Han vandrede rastløst omkring eller sad stille, fortabt i tunge tanker.

Él conocía la muerte; el fin de la vida; la desaparición de todo movimiento.

Han kendte døden; livets afslutning; al bevægelses forsvinden.

Comprendió que John Thornton se había ido y que nunca regresaría.

Han forstod, at John Thornton var væk og aldrig ville vende tilbage.

La pérdida dejó en él un vacío que palpitaba como el hambre.

Tabet efterlod et tomrum i ham, der dunkede som sult.

Pero ésta era un hambre que la comida no podía calmar, por mucho que comiera.

Men dette var en sult, maden ikke kunne stille, uanset hvor meget han spiste.

A veces, mientras miraba a los Yeehats muertos, el dolor se desvanecía.

Til tider, når han så på de døde Yeehats, forsvandt smerten.

Y entonces un orgullo extraño surgió dentro de él, feroz y completo.

Og så steg en mærkelig stolthed i ham, voldsom og fuldstændig.

Había matado al hombre, la presa más alta y peligrosa de todas.

Han havde dræbt mennesket, det højeste og farligste spil af alle.

Había matado desafiando la antigua ley del garrote y el colmillo.

Han havde dræbt i strid med den gamle lov om kølle og
hugtand.

Buck olió sus cuerpos sin vida, curioso y pensativo.

Buck snusede til deres livløse kroppe, nysgerrig og tankefuld.

**Habían muerto con tanta facilidad, mucho más fácil que un
husky en una pelea.**

De var døde så let – meget lettere end en husky i en kamp.

**Sin sus armas, no tenían verdadera fuerza ni representaban
una amenaza.**

Uden deres våben havde de ingen sand styrke eller trussel.

**Buck nunca volvería a temerles, a menos que estuvieran
armados.**

Buck ville aldrig frygte dem igen, medmindre de var
bevæbnede.

**Sólo tenía cuidado cuando llevaban garrotes, lanzas o
flechas.**

Kun når de bar køller, spyd eller pile, ville han være på vagt.

**Cayó la noche y la luna llena se elevó por encima de las
copas de los árboles.**

Natten faldt på, og en fuldmåne steg højt over træernes toppe.

**La pálida luz de la luna bañaba la tierra con un resplandor
suave y fantasmal, como el del día.**

Månens blege lys badede landet i et blødt, spøgelsesagtigt
skær som dag.

**A medida que la noche avanzaba, Buck seguía de luto junto
al estanque silencioso.**

Mens natten blev dybere, sørgede Buck stadig ved den stille
dam.

**Entonces se dio cuenta de que había un movimiento
diferente en el bosque.**

Så blev han opmærksom på en anden bevægelse i skoven.

**El movimiento no provenía de los Yeehats, sino de algo más
antiguo y más profundo.**

Oprøret kom ikke fra Yeehat-familien, men fra noget ældre og
dybereliggende.

Se puso de pie, con las orejas levantadas y la nariz palpando la brisa con cuidado.

Han rejste sig op med løftede ører og undersøgte forsigtigt brisen med næsen.

Desde lejos llegó un grito débil y agudo que rompió el silencio.

Langt væk lød et svagt, skarpt gyl, der gennembrød stilheden.

Luego, un coro de gritos similares siguió de cerca al primero.

Så fulgte et kor af lignende råb tæt efter det første.

El sonido se acercaba cada vez más y se hacía más fuerte a cada momento que pasaba.

Lyden kom nærmere og blev højere for hvert øjeblik, der gik.

Buck conocía ese grito: venía de ese otro mundo en su memoria.

Buck kendte dette råb – det kom fra den anden verden i hans hukommelse.

Caminó hasta el centro del espacio abierto y escuchó atentamente.

Han gik hen til midten af det åbne rum og lyttede opmærksomt.

El llamado resonó, múltiple y más poderoso que nunca.

Kaldet lød, mange gange nævnt og kraftigere end nogensinde.

Y ahora, más que nunca, Buck estaba listo para responder a su llamado.

Og nu, mere end nogensinde før, var Buck klar til at besvare hans kald.

John Thornton había muerto y ya no tenía ningún vínculo con el hombre.

John Thornton var død, og han havde intet bånd til mennesker tilbage.

El hombre y todos sus derechos humanos habían desaparecido: él era libre por fin.

Mennesket og alle menneskelige krav var væk – han var endelig fri.

La manada de lobos estaba persiguiendo carne como lo hicieron alguna vez los Yeehats.

Ulveflokken jagtede kød, ligesom Yeehats engang gjorde.

Habían seguido a los alces desde las tierras boscosas.

De havde fulgt elge ned fra de skovklædte områder.

Ahora, salvajes y hambrientos de presa, cruzaron hacia su valle.

Nu, vilde og sultne efter bytte, krydsede de ind i hans dal.

Llegaron al claro iluminado por la luna, fluyendo como agua plateada.

Ind i den månebelyste lysning kom de, flødende som sølvvand.

Buck permaneció quieto en el centro, inmóvil y esperándolos.

Buck stod stille i midten, ubevægelig og ventede på dem.

Su tranquila y gran presencia dejó a la manada en un breve silencio.

Hans rolige, store tilstedeværelse chokerede flokken og indtog en kort tavshed.

Entonces el lobo más atrevido saltó hacia él sin dudarlo.

Så sprang den dristigste ulv direkte mod ham uden tøven.

Buck atacó rápidamente y rompió el cuello del lobo de un solo golpe.

Buck slog hurtigt til og brækkede ulvens hals med et enkelt slag.

Se quedó inmóvil nuevamente mientras el lobo moribundo se retorcía detrás de él.

Han stod ubevægelig igen, mens den døende ulv snoede sig bag ham.

Tres lobos más atacaron rápidamente, uno tras otro.

Tre ulve mere angreb hurtigt, den ene efter den anden.

Todos retrocedieron sangrando, con la garganta o los hombros destrozados.

Hver af dem trak sig blødende tilbage, med overskåret hals eller skuldre.

Eso fue suficiente para que toda la manada se lanzara a una carga salvaje.

Det var nok til at sætte hele flokken i vildt angreb.

Se precipitaron juntos, demasiado ansiosos y apiñados para golpear bien.

De styrtede ind sammen, for ivrige og for tæt befolkede til at slå ordentligt til.

La velocidad y habilidad de Buck le permitieron mantenerse por delante del ataque.

Bucks hurtighed og dygtighed tillod ham at holde sig foran angrebet.

Giró sobre sus patas traseras, chasqueando y golpeando en todas direcciones.

Han snurrede rundt på bagbenene, snappede og slog i alle retninger.

Para los lobos, esto parecía como si su defensa nunca se abriera ni flaqueara.

For ulvene virkede det som om hans forsvar aldrig åbnede eller vaklede.

Se giró y atacó tan rápido que no pudieron alcanzarlo.

Han vendte sig og huggede så hurtigt, at de ikke kunne komme bag ham.

Sin embargo, su número le obligó a ceder terreno y retroceder.

Ikke desto mindre tvang deres antal ham til at give terræn og trække sig tilbage.

Pasó junto a la piscina y bajó al lecho rocoso del arroyo.

Han bevægede sig forbi dammen og ned i det stenede bækleje.

Allí se topó con un empinado banco de grava y tierra.

Der stødte han på en stejl skrænt af grus og jord.

Se metió en un rincón cortado durante la antigua excavación de los mineros.

Han kantede sig ind i et hjørne, der blev skåret under minearbejdernes gamle udgravning.

Ahora, protegido por tres lados, Buck se enfrentaba únicamente al lobo frontal.

Nu, beskyttet på tre sider, stod Buck kun over for den forreste ulv.

Allí se mantuvo a raya, listo para la siguiente ola de asalto.

Der stod han i skak, klar til den næste bølge af angreb.

Buck se mantuvo firme con tanta fiereza que los lobos retrocedieron.

Buck holdt stand så voldsomt, at ulvene trak sig tilbage.

Después de media hora, estaban agotados y visiblemente derrotados.

Efter en halv time var de udmattede og synligt besejrede.

Sus lenguas colgaban y sus colmillos blancos brillaban a la luz de la luna.

Deres tunger hang ud, deres hvide hugtænder glimtede i måneskinnet.

Algunos lobos se tumbaron, con la cabeza levantada y las orejas apuntando hacia Buck.

Nogle ulve lagde sig ned med hovederne hævet og ørerne spidse mod Buck.

Otros permanecieron inmóviles, alertas y observando cada uno de sus movimientos.

Andre stod stille, årvågne og iagttog hans hver bevægelse.

Algunos se acercaron a la piscina y bebieron agua fría.

Et par stykker gik hen til poolen og drak koldt vand.

Entonces un lobo gris, largo y delgado, se acercó sigilosamente.

Så sneg en lang, mager grå ulv sig blidt frem.

Buck lo reconoció: era el hermano salvaje de antes.

Buck genkendte ham – det var den vilde bror fra før.

El lobo gris gimió suavemente y Buck respondió con un gemido.

Den grå ulv klynkede sagte, og Buck svarede med et klynk.

Se tocaron las narices, en silencio y sin amenaza ni miedo.

De rørte ved næserne, stille og uden trussel eller frygt.

Luego vino un lobo más viejo, demacrado y lleno de cicatrices por muchas batallas.

Dernæst kom en ældre ulv, mager og arret efter mange kampe.

Buck empezó a gruñir, pero se detuvo y olió la nariz del viejo lobo.

Buck begyndte at knurre, men holdt en pause og snusede til den gamle ulvs snude.

El viejo se sentó, levantó la nariz y aulló a la luna.

Den gamle satte sig ned, løftede næsen og hylede mod månen.

El resto de la manada se sentó y se unió al largo aullido.

Resten af flokken satte sig ned og var med i det lange hyl.

Y ahora el llamado llegó a Buck, inconfundible y fuerte.

Og nu kom kaldet til Buck, umiskendeligt og stærkt.

Se sentó, levantó la cabeza y aulló con los demás.

Han satte sig ned, løftede hovedet og hylede sammen med de andre.

Cuando terminaron los aullidos, Buck salió de su refugio rocoso.

Da hylen holdt op, trådte Buck ud af sit klippefyldte ly.

La manada se cerró a su alrededor, olfateando con amabilidad y cautela.

Flokken lukkede sig om ham og snusede både venligt og forsigtigt.

Entonces los líderes dieron un grito y salieron corriendo hacia el bosque.

Så udstødte lederne et hyl og skyndte sig ind i skoven.

Los demás lobos los siguieron, aullando a coro, salvajes y rápidos en la noche.

De andre ulve fulgte efter, gylpende i kor, vilde og hurtige i natten.

Buck corrió con ellos, al lado de su hermano salvaje, aullando mientras corría.

Buck løb med dem, ved siden af sin vilde bror, mens han løb hylende.

Aquí la historia de Buck llega bien a su fin.

Her gør historien om Buck det godt at få sin ende.

En los años siguientes, los Yeehat notaron lobos extraños.

I de følgende år bemærkede Yeehat-familien mærkelige ulve.

Algunos tenían la cabeza y el hocico de color marrón y el pecho de color blanco.

Nogle havde brune på hovedet og snuden og hvide på brystet.

Pero aún más temían una figura fantasmal entre los lobos.

Men endnu mere frygtede de en spøgelsesagtig skikkelse blandt ulvene.

Hablaban en susurros del Perro Fantasma, líder de la manada.

De talte hviskende om Spøgelseshunden, flokkens leder.

Este perro fantasma tenía más astucia que el cazador Yeehat más audaz.

Denne Spøgelseshund var mere listig end den dristigste Yeehat-jæger.

El perro fantasma robó de los campamentos en pleno invierno y destrozó sus trampas.

Spøgelseshunden stjal fra lejre i den høje vinter og rev deres fælder i stykker.

El perro fantasma mató a sus perros y escapó de sus flechas sin dejar rastro.

Spøgelseshunden dræbte deres hunde og undslap deres pile sporløst.

Incluso sus guerreros más valientes temían enfrentarse a este espíritu salvaje.

Selv deres modigste krigere frygtede at stå over for denne vilde ånd.

No, la historia se vuelve aún más oscura a medida que pasan los años en la naturaleza.

Nej, fortællingen bliver endnu mørkere, som årene går i naturen.

Algunos cazadores desaparecen y nunca regresan a sus campamentos distantes.

Nogle jægere forsvinder og vender aldrig tilbage til deres fjerne lejre.

Otros aparecen con la garganta abierta, muertos en la nieve.

Andre findes med revet hals op, dræbt i sneen.

Alrededor de sus cuerpos hay huellas más grandes que las que cualquier lobo podría dejar.

Rundt om deres kroppe er der spor – større end nogen ulv kunne lave.

Cada otoño, los Yeehats siguen el rastro del alce.

Hvert efterår følger Yeehats elgens spor.

Pero evitan un valle con el miedo grabado en lo profundo de sus corazones.

Men de undgår én dal med frygt indgraveret dybt i deres hjerter.

Dicen que el valle fue elegido por el Espíritu Maligno para vivir.

De siger, at dalen er valgt af den onde ånd til sit hjem.

Y cuando se cuenta la historia, algunas mujeres lloran junto al fuego.

Og når historien fortælles, græder nogle kvinder ved bålet.

Pero en verano, un visitante llega a ese tranquilo valle sagrado.

Men om sommeren kommer én besøgende til den stille, hellige dal.

Los Yeehats no saben de él, ni tampoco pueden entenderlo.

Yeehat-familien kender ikke til ham, og de kunne heller ikke forstå ham.

El lobo es grande, revestido de gloria, como ningún otro de su especie.

Ulven er en stor ulv, klædt i pragt, som ingen anden af sin slags.

Él solo cruza el bosque verde y entra en el claro.

Han alene krydser fra det grønne træ og går ind i skovlysningen.

Allí, el polvo dorado de los sacos de piel de alce se filtra en el suelo.

Der siver gyldent støv fra elgskindssække ned i jorden.

La hierba y las hojas viejas han ocultado el amarillo al sol.

Græs og gamle blade har skjult det gule for solen.

Aquí, el lobo permanece en silencio, pensando y recordando.

Her står ulven i stilhed, tænker og husker.

Aúlla una vez, largo y triste, antes de darse la vuelta para irse.

Han hyler én gang – langt og sørgmodigt – før han vender sig for at gå.

Pero no siempre está solo en la tierra del frío y la nieve.

Alligevel er han ikke altid alene i kuldens og sneens land.

Cuando las largas noches de invierno descienden sobre los valles inferiores.

Når lange vinternætter sænker sig over de lavere dale.

Cuando los lobos persiguen a la presa a través de la luz de la luna y las heladas.

Når ulvene følger vildt gennem måneskin og frost.

Luego corre a la cabeza del grupo, saltando alto y salvajemente.

Så løber han i spidsen for flokken, springende højt og vildt.

Su figura se eleva sobre las demás y su garganta está llena de canciones.

Hans skikkelse tårner sig op over de andre, hans hals levende af sang.

Es la canción del mundo más joven, la voz de la manada.

Det er den yngre verdens sang, flokkens stemme.

Canta mientras corre: fuerte, libre y eternamente salvaje.

Han synger, mens han løber – stærk, fri og evigt vild.

* 9 7 8 1 8 0 5 7 2 8 4 4 3 *